맥체인 1년 1독 성경읽기

맥체인 통독 맥잡기(5)

김홍양 지음

신교횃불
ccm2u.com

맥체인 1년 1독 성경읽기

맥체인 통독 맥잡기(5)

맥체인 성경읽기란?

맥체인 성경읽기표는 1842년 맥체인이 자신이 목양하던 성 베드로 교회 성도들의 영적 성장을 위해 개발한 것으로, 매일 구약과 신약을 각각 2장씩 읽음으로써 1년에 구약 1회, 신약과 시편을 각 2회 정독할 수 있도록 만든 표입니다.

이와 같은 맥체인의 방법에 따라 신구약 성경 전체를 골고루 4등분해서 동시에 읽으면, 성경에 기록된 장구한 구속사를 크게 네 시대로 나누어 동시에 묵상할 수 있습니다.

각각의 시대마다 하나님께서는 하나님이 세우신 사람들과 언약을 맺으셨고, 그 언약을 완성하셨습니다. 그리고 이 시대들은 서로 씨줄과 날줄이 되어 하나님의 구속사를 완성하는 완벽한 하모니를 이루고 있습니다.

때로는 시대별로, 때로는 거시적인 안목에서 구속사 전체를 한 번에 아우르게 합니다. 그렇기에 남녀노소, 교회의 직분을 무론하고, 누구나 맥체인 성경읽기표를 따라 성경을 읽으면, 성경에 대한 명쾌한 이해와 함께 하나님께서 감춰두신 구속의 보화를 찾는 기쁨을 누릴 수 있습니다.

또한 이를 통해 성경의 맥을 보다 쉽게 잡을 수 있습니다. 이렇게 하나님의 계시 목적에 평행선을 그으며 따라가는 것은 맥체인 성경읽기표만의 독특한 방식입니다.

성경을 읽다가 중간에 빠뜨린 부분이 있더라도 포기하지 말고, 그날의 날짜에 맞추어 읽는 것이 좋습니다. 이런 습관은 해가 거듭되더라도 반복적으로 성경을 통독할 수 있게 해 주기 때문입니다. 개인적으로 읽을 때는 아침, 저녁으로 나누어 읽으셔도 됩니다. 각자의 방법대로 성경을 읽으면 됩니다.

"또 어려서부터 성경을 알았나니 성경은 능히 너로 하여금 그리스도 예수 안에 있는 믿음으로 말미암아 구원에 이르는 지혜가 있게 하느니라 모든 성경은 하나님의 감동으로 된 것으로 교훈과 책망과 바르게 함과 의로 교육하기에 유익하니 이는 하나님의 사람으로 온전하게 하며 모든 선한 일을 행할 능력을 갖추게 하려 함이라" (딤후 3:15-17).

맥체인 성경읽기의 필요성

▶ "맥체인 성경읽기"의 특징과 장점

○ 맥체인 성경은 구약과 신약(또는 시편)에서 4권씩 짝을 이루고 있어서 흥미롭고 읽는 재미를 더합니다.

○ 맥체인 성경은 구약과 신약의 대조를 통해 말씀 간 연관성 및 의미의 다채로움을 만끽하게 합니다.

○ 맥체인 성경은 매일 신구약의 4장씩 일정량을 읽도록 구성되어, 끝까지 효과적으로 읽을 수 있습니다.

○ 맥체인 성경은 하나님의 구속사를 한눈에 볼 수 있도록 구성되어 있습니다.

○ 맥체인 성경은 성경 전체를 관통하는 하나님의 생각을 연상하게 훈련시킵니다.

○ 맥체인 성경은 <읽기표>를 통해 규칙적이고 체계적인 성경읽기를 가능하게 합니다.

○ 맥체인 성경의 <읽기표>를 활용하면 1년에 구약은 1독, 신약과 시편은 2독 할 수 있습니다.

○ 맥체인 성경은 말씀의 연관성을 찾아 말씀의 참 의미를 깨닫게 도와줍니다.

▶ 《맥체인성경 365》 말씀연결 사용하는 법

① 네 성경 본문의 소주제를 통해 중심 단어나 문장을 말씀으로 묵상한다.

② 네 본문의 말씀을 순서대로, 천천히 읽는다.

③ 두 본문에서 반복되는 단어나 유사한 문맥을 찾아 서로 연결한다.

④ 본문에서 반대의 뜻을 가진 단어나 문장을 찾는다.

⑤ 두 권의 책에서 공통되는 하나님의 말씀을 연결하여 기록한다.

⑥ 연결되는 말씀을 다른 두 권으로 확대하여 네 권 전체에 흐르는 하나님의 생각과 베푸신 은혜를 누리고, 그 내용을 적어본다.

⑦ 본문에서 지도자나 인도자로부터 배운 신학 주제나 교리들이 함축하고 있는 문맥의 짝을 찾아본다.

⑧ 중심 주제를 필두로, 삶에 적용할 일들을 적어보고 생활 중에 실천함으로써 변화를 경험해 본다.

⑨ 하나님이 오늘 나에게 주신 말씀들을 통하여 가르침, 명령과 약속 권면, 경고 및 행해야 할 일들을 하나님과 대화하는 마음으로(기도) 성경읽기를 마무리한다.

121 일차 / 365 과정 5월 1일

Ⅰ. 맥체인성경의 통독구조<121>

구약과 신약이 짝을 이루어 흥미롭고 풍성하게 읽을 수 있는 구조다.

구약과 신약이 대조를 이루어 의미의 다채로움을 경험하며 읽을 수 있는 구조다.

Ⅱ. 핵심구절 읽기

성경본문	민수기 8장	시편 44편	아가 6장	히브리서 6장
통일주제	**과정** (過程, 일이나 상태나 관계가 진행하는 경로)			
개별주제	이스라엘 자손 중 레위인을 회막 봉사자로 세우시는 과정	하나님이 이스라엘을 구원하시고 또 심판하시는 과정	솔로몬과 술람미 여자가 애뜻한 사랑을 표현하는 과정	그리스도의 도를 쫓는 자가 타락하거나 소망 중에 구원 얻는 과정
연합내용	**모든 시작에는 이유와 목적이 있다. 그 목적을 달성하기 위해서는 성공적인 과정이 있어야 한다. 제사에도, 구원에도, 심판에도, 사랑에도 다 필수적인 과정이 있다. 특히 성도가 구원의 소망을 이루는 데는 유혹과 타락을 이기는 거룩하고 구별된 힘든 과정이 있다.**			
핵심구절	2~4,6~11,15 17~19,24~26	1~3,6~7,9~14 17~21,23,26	1~4,8~10,13	1~2,4~6,9~12 17~18

• 민수기 8장 - 이스라엘 자손 중 레위인을 회막 봉사자로 세우시는 과정

아론에게 말하여 이르라 등불을 켤 때에는 일곱 등잔을 등잔대 앞으로 비추게 할지니라 하시매...(2~4절)

이스라엘 자손 중에서 레위인을 데려다가 정결하게 하라...(6~11절)

네가 그들을 정결하게 하여 요제로 드린 후에 그들이 회막에 들어가서 봉사할 것이니라(15절)

이스라엘 자손 중에 처음 태어난 것은 사람이든지 짐승이든지 다 내게 속하였음은 내가 애굽 땅에서 모든 처음 태어난 자를 치던 날에 그들을 내게 구별하였음이라...(17~19절)

레위인은 이같이 할지니 곧 이십오 세 이상으로는 회막에 들어가서 복무하고 봉사할 것이요...(24~26절)

• 시편 44편 - 하나님이 이스라엘을 구원하시고 또 심판하시는 과정

하나님이여 주께서 우리 조상들의 날 곧 옛날에 행하신 일을 그들이 우리에게 일러 주매 우리가 우리 귀로 들었나이다...(1~3절)
나는 내 활을 의지하지 아니할 것이라 내 칼이 나를 구원하지 못하리이다...(6~7절)
그러나 이제는 주께서 우리를 버려 욕을 당하게 하시고 우리 군대와 함께 나아가지 아니하시나이다...(9~14절)
이 모든 일이 우리에게 임하였으나 우리가 주를 잊지 아니하며 주의 언약을 어기지 아니하였나이다...(17~21절)
주여 깨소서 어찌하여 주무시나이까 일어나시고 우리를 영원히 버리지 마소서(23절)
일어나 우리를 도우소서 주의 인자하심으로 말미암아 우리를 구원하소서(26절)

• 아가 6장 - 솔로몬과 술람미 여자가 애뜻한 사랑을 표현하는 과정

여자들 가운데에서 어여쁜 자야 네 사랑하는 자가 어디로 갔는가 네 사랑하는 자가 어디로 돌아갔는가 우리가 너와 함께 찾으리라...(1~4절)
왕비가 육십 명이요 후궁이 팔십 명이요 시녀가 무수하되...(8~10절)
돌아오고 돌아오라 술람미 여자야 돌아오고 돌아오라 우리가 너를 보게 하라 너희가 어찌하여 마하나임에서 춤추는 것을 보는 것처럼 술람미 여자를 보려느냐(13절)

• 히브리서 6장 - 그리스도의 도를 좇는 자가 타락하거나 소망 중에 구원 얻는 과정

그러므로 우리가 그리스도의 도의 초보를 버리고 죽은 행실을 회개함과 하나님께 대한 신앙과...(1~2절)
한 번 빛을 받고 하늘의 은사를 맛보고 성령에 참여한 바 되고...(4~6절)
사랑하는 자들아 우리가 이같이 말하나 너희에게는 이보다 더 좋은 것 곧 구원에 속한 것이 있음을 확신하노라...(9~12절)
하나님은 약속을 기업으로 받는 자들에게 그 뜻이 변하지 아니함을 충분히 나타내시려고 그 일을 맹세로 보증하셨나니...(17~18절)

Ⅲ. 묵상을 위한 질문

1. 여호와는 등잔대를 만드는 법과 등불을 비추는 법에 대해 어떻게 말씀하셨나요?(2,4)

2. 레위인이 이스라엘 자손을 대신하여 회막에서 봉사하기 위해 갖춰야 할 조건은 무엇일까요?(6,11,15,19)

3. 고라자손은 하나님이 이스라엘 백성을 어떻게 구원하셨다고 했나요?(1~3,5~7)

4. 하나님이 이스라엘 백성을 다시 심판하셨을 때 고라 자손은 무엇이라고 기도 했나요?(9~11,13~14,17~18,20~21,23,26)

5. 솔로몬이 술람미 여자를 어느 정도 사랑하고 소중히 여겼는지를 어떤 표현을 통해 알 수 있을까요?(4~10)

6. 솔로몬이 술람미에게 한 표현은 하나님의 어떤 마음을 암시하는 것일까요?(13)

7. 베드로는 은혜를 경험한 자가 타락하면 왜 다시 새롭게 할 수 없다고 했나요?(4~6)

8. 베드로는 성도의 소원인 구원이 확실한 이유는 무엇 때문이라고 했나요?(9~13)

Ⅳ. 기도

1. 주여, 진실하고 성실한 과정을 통해 풍성한 열매와 결과를 얻게 하옵소서.
2. 주여, 자범죄로든 원수의 훼방으로든 고난을 겪고 있을 때 간구하게 하옵소서.
3. 주여, 그리스도의 도을 좇은 자가 끝까지 타락하지 않고 구원을 얻게 하옵소서.

• 하나님 마음 알아가기 •

• 나에게 주시는 말씀(암송하기) •

• 오늘의 감사(기록하기) •

122 일차 / 365 인도 5월 2일

Ⅰ. 맥체인성경의 통독구조<122>

하나님의 구원의 역사를 다양한 시대에 걸쳐 한 눈에 볼 수 있도록 편집, 구성되어 있다. 뿐만 아니라 통독을 통해 세상을 향한 하나님의 마음과 생각을 폭넓게 연상하고 깨달아 이해할 수 있도록 구성되어 있다.

Ⅱ. 핵심구절 읽기

성경본문	민수기 9장	시편 45편	아가 7장	히브리서 7장
통일주제	**인도** (引導, 정신적, 사상적, 정서적, 환경적으로 잘 지도하여 이끌어 줌)			
개별주제	이스라엘자손을 구름과 불로 인도하시는 여호와	왕을 진리 온유 공의 공평으로 인도하시는 하나님	사랑하는 술람미를 복된 곳으로 인도하는 솔로몬	모든 영혼을 구원으로 인도하시는 대제사장 예수
연합내용	**전능하신 하나님은 사람을 창조하시고 타락한 인간을 죄에서 구원하셨다. 또한 구원받은 영혼을 천국에 이르기까지 구름과 불로, 진리와 공의와 공평으로 끊임없이 인도하신다. 이와 같은 사실을 때로는 시와 문학을 통해 비유하시고 또 깨닫게 하시며 가르쳐 주신다.**			
핵심구절	1~3,6~8,10~13 15~17,20~22	2~7,10~15	1~2,4~6,10~13	1~4,7,14~16 18~26

• 민수기 9장 - 이스라엘자손을 구름과 불로 인도하시는 여호와

애굽 땅에서 나온 다음 해 첫째 달에 여호와께서 시내 광야에서 모세에게 말씀하여 이르시되...(1~3절)

그 때에 사람의 시체로 말미암아 부정하게 되어서 유월절을 지킬 수 없는 사람들이 있었는데 그들이 그 날에 모세와 아론 앞에 이르러...(6~8절)

이스라엘 자손에게 말하여 이르라 너희나 너희 후손 중에 시체로 말미암아 부정하게 되든지 먼 여행 중에 있다 할지라도 다 여호와 앞에 마땅히 유월절을 지키되...(10~13절)

성막을 세운 날에 구름이 성막 곧 증거의 성막을 덮었고 저녁이 되면 성막 위에 불 모양 같은 것이 나타나서 아침까지 이르렀으되...(15~17절)

혹시 구름이 성막 위에 머무는 날이 적을 때에도 그들이 다만 여호와의 명령을 따라

진영에 머물고 여호와의 명령을 따라 행진하였으며...(20~22절)

• 시편 45편 - 왕을 진리 온유 공의 공평으로 인도하시는 하나님

왕은 사람들보다 아름다워 은혜를 입술에 머금으니 그러므로 하나님이 왕에게 영원히 복을 주시도다...(2~7절)
딸이여 듣고 보고 귀를 기울일지어다 네 백성과 네 아버지의 집을 잊어버릴지어다...(10~15절)

• 아가 7장 - 사랑하는 술람미를 복된 곳으로 인도하는 솔로몬

귀한 자의 딸아 신을 신은 네 발이 어찌 그리 아름다운가 네 넓적다리는 둥글어서 숙련공의 손이 만든 구슬 꿰미 같구나...(1~2절)
목은 상아 망대 같구나 눈은 헤스본 바드랍빔 문 곁에 있는 연못 같고 코는 다메섹을 향한 레바논 망대 같구나...(4~6절)
나는 내 사랑하는 자에게 속하였도다 그가 나를 사모하는구나...(10~13절)

• 히브리서 7장 - 모든 영혼을 구원으로 인도하시는 대제사장 예수

이 멜기세덱은 살렘 왕이요 지극히 높으신 하나님의 제사장이라 여러 왕을 쳐서 죽이고 돌아오는 아브라함을 만나 복을 빈 자라...(1~4절)
논란의 여지 없이 낮은 자가 높은 자에게서 축복을 받느니라(7절)
리 주께서는 유다로부터 나신 것이 분명하도다 이 지파에는 모세가 제사장들에 관하여 말한 것이 하나도 없고...(14~16절)
전에 있던 계명은 연약하고 무익하므로 폐하고...(18~26절)

Ⅲ. 묵상을 위한 질문

1. 여호와 하나님은 유월절을 지킴에 있어 어떤 원칙을 정하셨나요?(2,5,10~11,14)

2. 여호와 하나님은 무엇으로 이스라엘자손을 인도하셨나요?(15~17)

3. 여호와 하나님은 왕을 어떻게 세우시며 어디로 인도하실까요?(2,4,6~7)

4. 딸(여인)들이 왕께 인도함을 받기위해서는 무엇을 갖추어야 했나요?(10~1,13~14)

5. 솔로몬은 사랑하는 술람미의 모습에 대해 거듭 어떻게 묘사했나요?(1~7)

6. 솔로몬은 사랑하는 술람미에게 어떤 제안을 했나요?(11~12)

7. 히브리서 기자는 멜기세덱을 어떤 분으로 표현했나요?(1~4)

8. 멜기세덱의 반차를 좇아 난 대제사장 예수 그리스도는 항상 구원받은 자를 위하여 무엇을 하고 계실까요?(25~26)

Ⅳ. 기도

1. 주여, 모든 구원받은 자가 주일에 함께 예배할 수 있도록 강건케 하옵소서.
2. 주여, 연약한 저희를 더 바르고 온전한 곳으로 인도하여 주옵소서.
3. 주여, 저희를 위하여 항상 간구하시는 예수님을 담대히 전하게 하옵소서.

• 하나님 마음 알아가기 •

• 나에게 주시는 말씀(암송하기) •

• 오늘의 감사(기록하기) •

123 일차 / 365 따름 5월 3일

Ⅰ. 맥체인성경의 통독구조<123>

성경 66권은 1,600년이 넘는 긴 세월 동안 성령의 감동을 받은 각 시대의 사람들이 각기 다른 장소에서 기록한 것을 정경화한 것이다. 그럼에도 불구하고 놀랍게도 제 각각 짝이 있고 통일된 주제와 일관된 메시지를 전하고 있다. 이것은 우연이 아니며 하나님이 저자이심을 말해 준다. 따라서 새로운 편집방식으로 읽을 때 더 깊은 감동을 경험할 수 있다.

Ⅱ. 핵심구절 읽기

성경본문	민수기 10장	시편 46~47편	아가 8장	히브리서 8장
통일주제	**따름** (앞에서 인도하는 자를 신뢰하고 지시나 행동을 그대로 쫓아감)			
개별주제	행진 전쟁 절기 때 두 나팔소리를 듣고 따름	찬송 받으실 피난처이신 하나님을 따름	행복한 삶으로 인도하는 사랑하는 자를 따름	새 언약되신 대제사장 예수 그리스도를 따름
연합내용	**하나님은 우리를 늘 인도하신다. 자녀된 우리는 그의 뜻과 명령을 온전히 따름으로써 놀라운 은혜와 축복을 받게 된다. 때로는 따르기에 부담스럽고 힘들 때도 있으나 참고 견디면 복된 열매를 맛보게 된다.**			
핵심구절	2~12,17,21 29~36	46:1~3,5~7,10~11 47:1~2,5~7	1~3,6~7,12,14	1,3~7,10,12~13

• 민수기 10장 - 행진 전쟁 절기 때 두 나팔소리를 듣고 따름

은 나팔 둘을 만들되 두들겨 만들어서 그것으로 회중을 소집하며 진영을 출발하게 할 것이라...(2~12절)

이에 성막을 걷으매 게르손 자손과 므라리 자손이 성막을 메고 출발하였으며(17절)

고핫인은 성물을 메고 행진하였고 그들이 이르기 전에 성막을 세웠으며(21절)

모세가 모세의 장인 미디안 사람 르우엘의 아들 호밥에게 이르되 여호와께서 주마 하신 곳으로 우리가 행진하나니 우리와 동행하자 그리하면 선대하리라 여호와께서 이스라엘에게 복을 내리리라 하셨느니라...(29~36절)

• 시편 46~47편 - 찬송 받으실 피난처이신 하나님을 따름

하나님은 우리의 피난처시요 힘이시니 환난 중에 만날 큰 도움이시라...(46편 1~3절)
하나님이 그 성 중에 계시매 성이 흔들리지 아니할 것이라 새벽에 하나님이 도우시리로다...(46편 5~7절)
이르시기를 너희는 가만히 있어 내가 하나님 됨을 알지어다 내가 뭇 나라 중에서 높임을 받으리라 내가 세계 중에서 높임을 받으리라 하시도다...(46편 10~11절)
너희 만민들아 손바닥을 치고 즐거운 소리로 하나님께 외칠지어다...(47편 1~2절)
하나님께서 즐거운 함성 중에 올라가심이여 여호와께서 나팔 소리 중에 올라가시도다...(47편 5~7절)

• 아가 8장 - 행복한 삶으로 인도하는 사랑하는 자를 따름

네가 내 어머니의 젖을 먹은 오라비 같았더라면 내가 밖에서 너를 만날 때에 입을 맞추어도 나를 업신여길 자가 없었을 것이라...(1~3절)
너는 나를 도장 같이 마음에 품고 도장 같이 팔에 두라 사랑은 죽음 같이 강하고 질투는 스올 같이 잔인하며 불길 같이 일어나니 그 기세가 여호와의 불과 같으니라...(6~7절)
솔로몬 너는 천을 얻겠고 열매를 지키는 자도 이백을 얻으려니와 내게 속한 내 포도원은 내 앞에 있구나(12절)
내 사랑하는 자야 너는 빨리 달리라 향기로운 산 위에 있는 노루와도 같고 어린 사슴과도 같아라(14절)

• 히브리서 8장 - 새 언약되신 대제사장 예수 그리스도를 따름

지금 우리가 하는 말의 요점은 이러한 대제사장이 우리에게 있다는 것이라 그는 하늘에서 지극히 크신 이의 보좌 우편에 앉으셨으니(1절)
대제사장마다 예물과 제사 드림을 위하여 세운 자니 그러므로 그도 무엇인가 드릴 것이 있어야 할지니라...(3~7절)
또 주께서 이르시되 그 날 후에 내가 이스라엘 집과 맺을 언약은 이것이니 내 법을 그들의 생각에 두고 그들의 마음에 이것을 기록하리라 나는 그들에게 하나님이 되고 그들은 내게 백성이 되리라(10절)

또 주께서 이르시되 그 날 후에 내가 이스라엘 집과 맺을 언약은 이것이니 내 법을 그들의 생각에 두고 그들의 마음에 이것을 기록하리라 나는 그들에게 하나님이 되고 그들은 내게 백성이 되리라...(12~13절)

Ⅲ. 묵상을 위한 질문

1. 여호와 하나님은 나팔 두 개를 만들어 어떤 때에 불으라고 하셨나요?(2~10)

2. 떠남과 머뭄을 구름으로 인도하신 하나님께 모세는 어떤 기도를 드렸나요?(35~36)

3. 고라 자손은 하나님을 어떻게 고백했나요?(46:1,7,11)

4. 고라 자손이 만민에게 거듭 외친 내용은 무엇이었나요?(1,6~7)

5. 아가서를 묵상할 때 하나님은 우리를 어떻게 선대하심을 알 수 있나요?(1~3,7)

6. 아가서를 묵상할 때 사랑을 입은 영혼은 어떤 모습이 될까요?(8~10)

7. 하나님이 이스라엘 자손에게 주신 첫 언약은 무엇일까요?(3,5,7)

8. 모든 영혼에게 주신 새 언약은 무엇이며 첫 언약과 어떻게 다를까요?(1,6,8~10,13)

Ⅳ. 기도

1. 주여, 날마다 귀를 열어 하나님의 나팔소리를 듣고 따라가게 하옵소서.
2. 주여, 날마다 구원의 하나님, 인도하시는 하나님을 찬송하게 하옵소서.
3. 주여, 새 언약으로 오신 대제사장 예수 그리스도를 온전히 믿게 하옵소서.

• 하나님 마음 알아가기 •

• 나에게 주시는 말씀(암송하기) •

• 오늘의 감사(기록하기) •

124 일차 / 365 위대 5월 4일

Ⅰ. 맥체인성경의 통독구조<124>

신구약성경 전체를 네 등분으로 보고, 하루에 신구약 2장씩 4장을 동시에 읽으면 성경에 기록된 장구한 하나님의 구원의 역사를 크게 네 시대, 네 상황으로 나누어 동시에 묵상할 수 있는 구조다.

Ⅱ. 핵심구절 읽기

성경본문	민수기 11장	시편 48편	이사야 1장	히브리서 9장
통일주제	**위대** (偉大, 뛰어나고 훌륭함)			
개별주제	이스라엘 백성의 원망까지 응답하시는 여호와의 위대하심	이스라엘 백성을 죽기까지 인도하시는 여호와의 위대하심	회개하고 돌아오기까지 기다리시는 여호와의 위대하심	단번에 제물로 드려 죄를 없이 하신 예수 그리스도의 위대하심
연합내용	**성삼위일체 하나님은 위대하시다. 사람을 창조하신 후 불순종한 죄인을 구원하시기 위하여 이스라엘백성을 선택하셨다. 그들의 원망과 범죄 가운데서도 끝까지 인도하시고 용서하시며 중보자를 보내 주셨다.**			
핵심구절	1~6,9,11~20 25~26,29,31,33	1,8~14	1~6,11~13 15~18,21,23 25~27	1,6~12,14~15 22,24~28

• 민수기 11장 - 이스라엘 백성의 원망까지 응답하시는 여호와의 위대하심

여호와께서 들으시기에 백성이 악한 말로 원망하매 여호와께서 들으시고 진노하사 여호와의 불을 그들 중에 붙여서 진영 끝을 사르게 하시매...(1~6절)

밤에 이슬이 진영에 내릴 때에 만나도 함께 내렸더라(9절)

모세가 여호와께 여짜오되 어찌하여 주께서 종을 괴롭게 하시나이까 어찌하여 내게 주의 목전에서 은혜를 입게 아니하시고 이 모든 백성을 내게 맡기사 내가 그 짐을 지게 하시나이까...(11~20절)

여호와께서 구름 가운데 강림하사 모세에게 말씀하시고 그에게 임한 영을 칠십 장로에게도 임하게 하시니 영이 임하신 때에 그들이 예언을 하다가 다시는 하지 아니하였

더라...(25~26절)
모세가 그에게 이르되 네가 나를 두고 시기하느냐 여호와께서 그의 영을 그의 모든 백성에게 주사 다 선지자가 되게 하시기를 원하노라(29절)
바람이 여호와에게서 나와 바다에서부터 메추라기를 몰아 진영 곁 이쪽 저쪽 곧 진영 사방으로 각기 하룻길 되는 지면 위 두 규빗쯤에 내리게 한지라(31절)
고기가 아직 이 사이에 있어 씹히기 전에 여호와께서 백성에게 대하여 진노하사 심히 큰 재앙으로 치셨으므로(33절)

• 시편 48편 - 이스라엘 백성을 죽기까지 인도하시는 여호와의 위대하심

여호와는 위대하시니 우리 하나님의 성, 거룩한 산에서 극진히 찬양 받으시리로다(1절)
우리가 들은 대로 만군의 여호와의 성, 우리 하나님의 성에서 보았나니 하나님이 이를 영원히 견고하게 하시리로다...(8~14절)

• 이사야 1장 - 회개하고 돌아오기까지 기다리시는 여호와의 위대하심

유다 왕 웃시야와 요담과 아하스와 히스기야 시대에 아모스의 아들 이사야가 유다와 예루살렘에 관하여 본 계시라...(1~6절)
여호와께서 말씀하시되 너희의 무수한 제물이 내게 무엇이 유익하뇨 나는 숫양의 번제와 살진 짐승의 기름에 배불렀고 나는 수송아지나 어린 양이나 숫염소의 피를 기뻐하지 아니하노라...(11~13절)
너희가 손을 펼 때에 내가 내 눈을 너희에게서 가리고 너희가 많이 기도할지라도 내가 듣지 아니하리니 이는 너희의 손에 피가 가득함이라...(15~18절)
신실하던 성읍이 어찌하여 창기가 되었는고 정의가 거기에 충만하였고 공의가 그 가운데에 거하였더니 이제는 살인자들뿐이로다(21절)
네 고관들은 패역하여 도둑과 짝하며 다 뇌물을 사랑하며 예물을 구하며 고아를 위하여 신원하지 아니하며 과부의 송사를 수리하지 아니하는도다(23절)
내가 또 내 손을 네게 돌려 네 찌꺼기를 잿물로 씻듯이 녹여 청결하게 하며 네 혼잡물을 다 제하여 버리고...(25~27절)

• 히브리서 9장 - 단번에 제물로 드려 죄를 없이 하신 예수 그리스도의 위대하심

첫 언약에도 섬기는 예법과 세상에 속한 성소가 있더라(1절)
이 모든 것을 이같이 예비하였으니 제사장들이 항상 첫 장막에 들어가 섬기는 예식을 행하고...(6~12절)
하물며 영원하신 성령으로 말미암아 흠 없는 자기를 하나님께 드린 그리스도의 피가 어찌 너희 양심을 죽은 행실에서 깨끗하게 하고 살아 계신 하나님을 섬기게 하지 못하겠느냐...(14~15절)
율법을 따라 거의 모든 물건이 피로써 정결하게 되나니 피흘림이 없은즉 사함이 없느니라(22절)
그리스도께서는 참 것의 그림자인 손으로 만든 성소에 들어가지 아니하시고 바로 그 하늘에 들어가사 이제 우리를 위하여 하나님 앞에 나타나시고...(24~28절)

Ⅲ. 묵상을 위한 질문

1. 이스라엘 백성이 하나님께 원망과 탐욕을 품게 된 원인은 무엇일까요?(1,4,10)

2. 모세의 간구를 들으신 여호와께서 응답하신 두 가지 내용은 무엇일까요?(14,16~20)

3. 위대하신 여호와 하나님의 성을 보고 세상의 왕들은 어떤 행동을 했나요?(1~6)

4. 고라 자손은 위대하신 하나님이 선민을 언제까지 인도하신다고 했나요?(14)

5. 이사야가 본 유다와 예루살렘의 죄 및 땅과 성읍의 모습은 어떠했나요?(4~8,13,21)

6. 이사야는 유다와 예루살렘의 백성에게 어떤 회개를 촉구했나요?(16~17)

7. 둘째 장막(지성소)과 온전한 장막에서는 어떤 제사가 드려졌나요?(7,11~12,22)

8. 대제사장이신 예수 그리스도가 친히 단번에 제물이 되신 이유는 무엇일까요?(22,26)

IV. 기도

1. 주여, 질병과 가난으로 신음하는 이 민족을 구원하여 주옵소서.
2. 주여, 유다와 예루살렘처럼 황폐해 가는 이 나라를 구원하여 주옵소서.
3. 주여, 한번 죽는 것은 사람에게 정해진 것이요 그 후에는 심판이 있음을 알고 온전한 장막의 대제사장 되신 예수 그리스도를 확실히 믿게 하옵소서.

• 하나님 마음 알아가기 •

• 나에게 주시는 말씀(암송하기) •

• 오늘의 감사(기록하기) •

125 일차 / 365 착각 5월 5일

I. 맥체인성경의 통독구조<125>

맥체인성경은 각 시대의 상황을 기록한 네 장의 다양한 성경 주제내용을 매일 묵상을 통해 하나로 묶는 풍성하고 놀라운 구조이다.

II. 핵심구절 읽기

성경본문	민수기 12~13장	시편 49편	이사야 2장	히브리서 10장
통일주제	**착각** (錯覺, 어떤 사물이나 사실을 실제와 다르게 느끼거나 잘못 지각함)			
개별주제	열 지파의 수령인 부정적 정탐꾼들의 착각	재물이 많고 어리석어 깨닫지 못하는 자들의 착각	교만 거만 자고하고 부패한 야곱 족속의 착각	율법과 제사 아래 있는 자와 불신자들의 착각
연합내용	**타락한 인간은 자기중심적일 때가 많다. 자기중심적 사고는 많은 착각을 일으킨다. 정탐한 일에 대한 주관적 착각, 재물을 가진 자의 교만한 착각, 불신자나 잘못된 가르침에 빠진 자의 착각 등이 자멸을 부른다.**			
핵심구절	12:1~8,11~12,15 13:2~3,6,8,16~20 23,27~28,30~33	5~13,16~20	1~4,6,8~12 17~22	1~5,8~14,18~25 28~29,32~36,39

• 민수기 12~13장 - 열 지파의 수령인 부정적 정탐꾼들의 착각

모세가 구스 여자를 취하였더니 그 구스 여자를 취하였으므로 미리암과 아론이 모세를 비방하니라...(12장 1~8절)

아론이 이에 모세에게 이르되 슬프도다 내 주여 우리가 어리석은 일을 하여 죄를 지었으나 청하건대 그 벌을 우리에게 돌리지 마소서...(12장 11~12절)

이에 미리암이 진영 밖에 이레 동안 갇혀 있었고 백성은 그를 다시 들어오게 하기까지 행진하지 아니하다가(12장 15절)

사람을 보내어 내가 이스라엘 자손에게 주는 가나안 땅을 정탐하게 하되 그들의 조상의 가문 각 지파 중에서 지휘관 된 자 한 사람씩 보내라...(13장 2~3절)

유다 지파에서는 여분네의 아들 갈렙이요(13장 6절)

에브라임 지파에서는 눈의 아들 호세아요(13장 8절)

이는 모세가 땅을 정탐하러 보낸 자들의 이름이라 모세가 눈의 아들 호세아를 여호수아라 불렀더라...(13장 16~20절)
또 에스골 골짜기에 이르러 거기서 포도송이가 달린 가지를 베어 둘이 막대기에 꿰어 메고 또 석류와 무화과를 따니라(13장 23절)
모세에게 말하여 이르되 당신이 우리를 보낸 땅에 간즉 과연 그 땅에 젖과 꿀이 흐르는데 이것은 그 땅의 과일이니이다...(13장 27~28절)
갈렙이 모세 앞에서 백성을 조용하게 하고 이르되 우리가 곧 올라가서 그 땅을 취하자 능히 이기리라 하나...(13장 30~33절)

• 시편 49편 - 재물이 많고 어리석어 깨닫지 못하는 자들의 착각

죄악이 나를 따라다니며 나를 에워싸는 환난의 날을 내가 어찌 두려워하랴...(5~13절)
사람이 치부하여 그의 집의 영광이 더할 때에 너는 두려워하지 말지어다...(16~20절)

• 이사야 2장 - 교만 거만 자고하고 부패한 야곱 족속의 착각

아모스의 아들 이사야가 받은 바 유다와 예루살렘에 관한 말씀이라...(1~4절)
주께서 주의 백성 야곱 족속을 버리셨음은 그들에게 동방 풍속이 가득하며 그들이 블레셋 사람들 같이 점을 치며 이방인과 더불어 손을 잡아 언약하였음이라(6절)
그 땅에는 우상도 가득하므로 그들이 자기 손으로 짓고 자기 손가락으로 만든 것을 경배하여...(8~12절)
그 날에 자고한 자는 굴복되며 교만한 자는 낮아지고 여호와께서 홀로 높임을 받으실 것이요...(17~22절)

• 히브리서 10장 - 율법과 제사 아래 있는 자와 불신자들의 착각

율법은 장차 올 좋은 일의 그림자일 뿐이요 참 형상이 아니므로 해마다 늘 드리는 같은 제사로는 나아오는 자들을 언제나 온전하게 할 수 없느니라...(1~5절)
위에 말씀하시기를 주께서는 제사와 예물과 번제와 속죄제는 원하지도 아니하고 기뻐하지도 아니하신다 하셨고...(8~14절)

이것들을 사하셨은즉 다시 죄를 위하여 제사 드릴 것이 없느니라...(18~25절)
모세의 법을 폐한 자도 두세 증인으로 말미암아 불쌍히 여김을 받지 못하고 죽었거든...(28~29절)
전날에 너희가 빛을 받은 후에 고난의 큰 싸움을 견디어 낸 것을 생각하라...(32~26절)
우리는 뒤로 물러가 멸망할 자가 아니요 오직 영혼을 구원함에 이르는 믿음을 가진 자니라(39절)

Ⅲ. 묵상을 위한 질문

1. 여호와 하나님은 모세를 어느 정도로 인정하셨나요?(12:3,6~8)

2. 미리암이 모세를 비방하다가 어떤 두 가지의 벌을 받았나요?(12:10,15)

3. 고라 자손은 신신당부하면서 재물을 자랑하는 자 즉 어리석은 자의 최후를 어떻게 예언했나요?(6~10,13)

4. 고라 자손은 깨닫지 못하는 사람에 대해 무엇과 같다고 말했나요?(12,18~20)

5. 이사야는 유다와 예루살렘의 미래를 어떤 내용으로 예언했나요?(1~3)

6. 이사야는 주의 백성 야곱 족속의 죄악이 무엇이며 회개하지 않으면 어떤 결과가 도래하게 된다고 예언했나요?(6,8,10~12,17,19,21)

7. 히브리서 기자는 율법의 동물 피 제사와 예수의 죽으심으로 흘린 피의 제사가 어떻게 다르다고 설명했나요?(1,4,9~12,14)

8. 히브리서 기자는 예수를 믿는 자에게 어떤 권면을 하고 있나요?(22~25,35,39)

Ⅳ. 기도

1. 주여, 하나님과 예수님께 성품과 충성을 인정받는 성도가 되게 하옵소서.
2. 주여, 이 민족이 멸망을 받지 않기 위하여 불신앙과 불의를 버리게 하옵소서.
3. 주여, 마지막이 가까움을 볼수록 주께 소망을 두고 더욱 모이기에 힘쓰게 하옵소서.

• 하나님 마음 알아가기 •

• 나에게 주시는 말씀(암송하기) •

• 오늘의 감사(기록하기) •

126 일차 / 365 책임 5월 6일

Ⅰ. 맥체인성경의 통독구조<126>

맥체인성경의 바른 통독은 읽는 속도보다 읽는 자세에 있다. 신약과 구약의 각각 두 장을 필사하듯 정리하면서 깊이 묵상하는 자세로 읽어나가면 지식과 지혜의 은사를 경험할 수 있는 신비로운 영적 구조이다.

Ⅱ. 핵심구절 읽기

성경본문	민수기 14장	시편 50편	이사야 3~4장	히브리서 11장
통일주제	**책임** (責任, 맡아서 행해야 할 의무나 임무)			
개별주제	원망하는 백성을 구하기 위한 모세 갈렙 여호수아의 책임	제사하는 백성에게 주인되신 하나님을 알리기 위한 아삽의 책임	범죄한 백성에게 하나님의 멸망과 회복을 알리기 위한 이사야의 책임	각 시대의 한계를 뛰어넘어 응답받은 믿음있는 자들의 책임
연합내용	**하나님의 선민이거나 예수를 믿고 하나님의 자녀가 된 자는 책임이 따른다. 또한 하나님께로부터 소명을 받은 일꾼들도 사명을 잘 감당할 책임이 따른다. 이를 행할 때와 그렇지 않을 때 구원과 심판의 갈림길에 서게 된다.**			
핵심구절	1~10,15~20,24 30~34,40~45	3~8,12,14~15 21~23	3:1~5,8,10~11 16~23, 4:2~4	1,3~8,11,16~17 19~27,31,33~38

• 민수기 14장 - 원망하는 백성을 구하기 위한 모세 갈렙 여호수아의 책임

온 회중이 소리를 높여 부르짖으며 백성이 밤새도록 통곡하였더라...(1~10절)

이제 주께서 이 백성을 하나 같이 죽이시면 주의 명성을 들은 여러 나라가 말하여 이르기를...(15~20절)

그러나 내 종 갈렙은 그 마음이 그들과 달라서 나를 온전히 따랐은즉 그가 갔던 땅으로 내가 그를 인도하여 들이리니 그의 자손이 그 땅을 차지하리라(24절)

여분네의 아들 갈렙과 눈의 아들 여호수아 외에는 내가 맹세하여 너희에게 살게 하리라 한 땅에 결단코 들어가지 못하리라...(30~34절)

아침에 일찍이 일어나 산 꼭대기로 올라가며 이르되 보소서 우리가 여기 있나이다 우리가 여호와께서 허락하신 곳으로 올라가리니 우리가 범죄하였음이니이

다...(40~45절)

• 시편 50편 - 제사하는 백성에게 주인되신 하나님을 알리기 위한 아삽의 책임

우리 하나님이 오사 잠잠하지 아니하시니 그 앞에는 삼키는 불이 있고 그 사방에는 광풍이 불리로다...(3~8절)
내가 가령 주려도 네게 이르지 아니할 것은 세계와 거기에 충만한 것이 내 것임이로다(12절)
감사로 하나님께 제사를 드리며 지존하신 이에게 네 서원을 갚으며...(14~15절)
네가 이 일을 행하여도 내가 잠잠하였더니 네가 나를 너와 같은 줄로 생각하였도다 그러나 내가 너를 책망하여 네 죄를 네 눈 앞에 낱낱이 드러내리라 하시는도다...(21~23절)

• 이사야 3~4장 - 범죄한 백성에게 하나님의 멸망과 회복을 알리기 위한 이사야의 책임

보라 주 만군의 여호와께서 예루살렘과 유다가 의뢰하며 의지하는 것을 제하여 버리시되 곧 그가 의지하는 모든 양식과 그가 의지하는 모든 물과...(3장 1~5절)
예루살렘이 멸망하였고 유다가 엎드러졌음은 그들의 언어와 행위가 여호와를 거역하여 그의 영광의 눈을 범하였음이라(3장 8절)
너희는 의인에게 복이 있으리라 말하라 그들은 그들의 행위의 열매를 먹을 것임이요...(3장 10~11절)
여호와께서 또 말씀하시되 시온의 딸들이 교만하여 늘인 목, 정을 통하는 눈으로 다니며 아기작거려 걸으며 발로는 쟁쟁한 소리를 낸다 하시도다...(3장 16~23절)
그 날에 여호와의 싹이 아름답고 영화로울 것이요 그 땅의 소산은 이스라엘의 피난한 자를 위하여 영화롭고 아름다울 것이며...(4장 2~4절)

• 히브리서 11장 - 각 시대의 한계를 뛰어넘어 응답받은 믿음있는 자들의 책임

믿음은 바라는 것들의 실상이요 보이지 않는 것들의 증거니(1절)
믿음으로 모든 세계가 하나님의 말씀으로 지어진 줄을 우리가 아나니 보이는 것은 나

타난 것으로 말미암아 된 것이 아니니라...(3~8절)

믿음으로 사라 자신도 나이가 많아 단산하였으나 잉태할 수 있는 힘을 얻었으니 이는 약속하신 이를 미쁘신 줄 알았음이라(11절)

그들이 이제는 더 나은 본향을 사모하니 곧 하늘에 있는 것이라 이러므로 하나님이 그들의 하나님이라 일컬음 받으심을 부끄러워하지 아니하시고 그들을 위하여 한 성을 예비하셨느니라...(16~17절)

그가 하나님이 능히 이삭을 죽은 자 가운데서 다시 살리실 줄로 생각한지라 비유컨대 그를 죽은 자 가운데서 도로 받은 것이니라...(19~27절)

믿음으로 기생 라합은 정탐꾼을 평안히 영접하였으므로 순종하지 아니한 자와 함께 멸망하지 아니하였도다(31절)

그들은 믿음으로 나라들을 이기기도 하며 의를 행하기도 하며 약속을 받기도 하며 사자들의 입을 막기도 하며...(33~38절)

III. 묵상을 위한 질문

1. 백성들이 열 명의 정탐꾼의 부정적인 보고를 듣고 통곡하며 원망할 때 담대히 대안을 내세워 백성을 설득한 사람은 누구이며 무엇이라 말했나요?(6~9)

2. 출애굽한 백성이 광야에서 40년을 방황하게 된 이유는 무엇일까요?(29,32~35)

3. 아삽은 여호와 하나님이 누구를 부르신다고 했나요?(5,8,14,23)

4. 아삽은 여호와 하나님을 어떤 분으로 표현했나요?(6~7,12,14)

5. 이사야는 하나님이 어떤 죄 때문에 예루살렘과 유다를 심판하신다고 했나요?(3:1~3,8,14~15)

6. 이사야는 여호와께서 어떤 자들을 회복시키신다고 예언했나요?(4:2~3)

7. 히브리서 기자는 아브라함의 믿음과 그의 삶을 어떻게 설명했나요?(8,17~19)

8. 히브리서 기자는 모세의 믿음과 그의 삶을 어떻게 설명했나요?(24~29)

Ⅳ. 기도

1. 주여, 어떠한 상황에서든지 주의 약속을 믿고 합력하여 선을 이루게 하옵소서.
2. 주여, 이 민족이 모든 죄를 회개함으로 하나님의 심판에 이르지 않게 하옵소서.
3. 주여, 오직 믿음의 영웅들처럼 담대히 하나님의 역사를 이루어 가게 하옵소서.

• 하나님 마음 알아가기 •

• 나에게 주시는 말씀(암송하기) •

• 오늘의 감사(기록하기) •

127 일차 / 365 죄악 5월 7일

Ⅰ. 맥체인성경의 통독구조<127>

맥체인성경은 각 시대 상황을 구체적으로 기록한 신구약 네 장의 다양한 성경주제 내용을, 매일 통독 및 정독 묵상을 통해 하나의 연관된 통일주제를 찾아 묶는 풍성하고 놀라운 구조이다.

Ⅱ. 핵심구절 읽기

성경본문	민수기 15장	시편 51편	이사야 5장	히브리서 12장
통일주제	**죄악** (罪惡, 하나님의 계명이나 윤리에 어긋나거나 반하는 행위)			
개별주제	이스라엘 회중과 개인이 부지중에 지은 죄악	다윗이 밧세바와 고의적으로 지은 죄악	예루살렘과 유다가 총체적으로 지은 죄악	징계를 받을 무거운 죄와 얽매이기 쉬운 죄악
연합내용	**성경이 말하는 불법, 불의, 불선, 불신을 행하면 죄가 된다. 이스라엘 선민과 다윗이 불법을 행하고, 예루살렘과 온 유다가 불의와 불신을 행하며, 예수 그리스도를 믿는 자가 계명을 어기고 선을 행하지 않음으로 죄를 범하여 사망에 이르게 되었다. 오직 예수 그리스도의 보혈이 아니면 용서받지 못하고 구원에 이르지 못한다.**			
핵심구절	2~5,13~14 18~20,23~25,28 30~35,38~40	1~7,9~12,14~15,17	1~3,5~8,11 15~16,18,20~24 26~29	1~3,7~15,22~24 28~29

• 민수기 15장 - 이스라엘 회중과 개인이 부지중에 지은 죄악

이스라엘 자손에게 말하여 그들에게 이르라 너희는 내가 주어 살게 할 땅에 들어가서...(2~5절)

누구든지 본토 소생이 여호와께 향기로운 화제를 드릴 때에는 이 법대로 할 것이요...(13~14절)

이스라엘 자손에게 말하여 이르라 너희는 내가 인도하는 땅에 들어가거든...(18~20절)

곧 여호와께서 모세를 통하여 너희에게 명령한 모든 것을 여호와께서 명령한 날 이후부터 너희 대대에 지키지 못하여...(23~25절)

제사장은 그 부지중에 범죄한 사람이 부지중에 여호와 앞에 범한 죄를 위하여 속죄하여 그 죄를 속할지니 그리하면 사함을 얻으리라(28절)

본토인이든지 타국인이든지 고의로 무엇을 범하면 누구나 여호와를 비방하는 자니 그의 백성 중에서 끊어질 것이라...(30~35절)
이스라엘 자손에게 명령하여 대대로 그들의 옷단 귀에 술을 만들고 청색 끈을 그 귀의 술에 더하라...(38~40절)

• 시편 51편 - 다윗이 밧세바와 고의적으로 지은 죄악

하나님이여 주의 인자를 따라 내게 은혜를 베푸시며 주의 많은 긍휼을 따라 내 죄악을 지워 주소서...(1~7절)
주의 얼굴을 내 죄에서 돌이키시고 내 모든 죄악을 지워 주소서...(9~12절)
하나님이여 나의 구원의 하나님이여 피 흘린 죄에서 나를 건지소서 내 혀가 주의 의를 높이 노래하리이다...(14~15절)
하나님께서 구하시는 제사는 상한 심령이라 하나님이여 상하고 통회하는 마음을 주께서 멸시하지 아니하시리이다(17절)

• 이사야 5장 - 예루살렘과 유다가 총체적으로 지은 죄악

나는 내가 사랑하는 자를 위하여 노래하되 내가 사랑하는 자의 포도원을 노래하리라 내가 사랑하는 자에게 포도원이 있음이여 심히 기름진 산에로다...(1~3절)
이제 내가 내 포도원에 어떻게 행할지를 너희에게 이르리라 내가 그 울타리를 걷어 먹힘을 당하게 하며 그 담을 헐어 짓밟히게 할 것이요...(5~8절)
아침에 일찍이 일어나 독주를 마시며 밤이 깊도록 포도주에 취하는 자들은 화 있을진저(11절)
여느 사람은 구푸리고 존귀한 자는 낮아지고 오만한 자의 눈도 낮아질 것이로되...(15~16절)
거짓으로 끈을 삼아 죄악을 끌며 수레 줄로 함 같이 죄악을 끄는 자는 화 있을진저(18절)
악을 선하다 하며 선을 악하다 하며 흑암으로 광명을 삼으며 광명으로 흑암을 삼으며 쓴 것으로 단 것을 삼으며 단 것으로 쓴 것을 삼는 자들은 화 있을진저...(20~24절)
또 그가 기치를 세우시고 먼 나라들을 불러 땅 끝에서부터 자기에게로 오게 하실 것이

라 보라 그들이 빨리 달려올 것이로되...(26~29절)

• 히브리서 12장 - 징계를 받을 무거운 죄와 얽매이기 쉬운 죄악

이러므로 우리에게 구름 같이 둘러싼 허다한 증인들이 있으니 모든 무거운 것과 얽매이기 쉬운 죄를 벗어 버리고 인내로써 우리 앞에 당한 경주를 하며...(1~3절)
너희가 참음은 징계를 받기 위함이라 하나님이 아들과 같이 너희를 대우하시나니 어찌 아버지가 징계하지 않는 아들이 있으리요...(7~15절)
그러나 너희가 이른 곳은 시온 산과 살아 계신 하나님의 도성인 하늘의 예루살렘과 천만 천사와...(22~24절)
그러므로 우리가 흔들리지 않는 나라를 받았은즉 은혜를 받자 이로 말미암아 경건함과 두려움으로 하나님을 기쁘시게 섬길지니...(28~29절)

Ⅲ. 묵상을 위한 질문

1. 하나님은 이스라엘 자손에게 약속에 땅에 들어가면 무엇을 드리라고 했나요?(2~4)

2. 하나님은 부지 중에 범죄한 자들을 어떻게 용서하시겠다고 하셨나요?(24~25,27~28)

3. 다윗은 자신의 죄악의 뿌리를 어디까지 거슬러 올라갔나요?(5)

4. 진심으로 회개한 다윗은 하나님에게 어떤 제사를 드렸나요?(16~17,19)

5. 이사야는 예루살렘과 유다 즉 이스라엘 족속을 어떤 나무에 비유했나요?(2)

6. 이사야는 이스라엘 족속 중 어떤 자들에게 화를 선포했나요?(8,11,18,20~22)

7. 히브리서 기자는 믿음의 사람들에게 무엇을 힘쓰라고 강조했나요?(1~3,12~13)

8. 히브리서 기자는 믿는 사람들이 이른 곳을 어디라고 했나요?(22~24)

Ⅳ. 기도

1. 주여, 천국으로 인도하시는 하나님을 향하여 온전한 예배를 드리게 하옵소서.
2. 주여, 참된 회개를 통해 용서함을 받고 하나님을 높이는 자가 되게 하옵소서.
3. 주여, 믿음의 주요 온전케 하시는 이인 예수를 바라보고 승리하게 하옵소서.

• 하나님 마음 알아가기 •

• 나에게 주시는 말씀(암송하기) •

• 오늘의 감사(기록하기) •

128 일차 / 365 교만 5월 8일

I. 맥체인성경의 통독구조<128>

신구약성경 전체를 네 시대로 구분하여 하루에 구약 2장 신약 2장씩 4장을 동시에 읽으면 각 시대별로 또한 거시적인 안목으로 하나님의 다스리시는 통치의 역사를 역동적으로 묵상할 수 있는 구조다.

II. 핵심구절 읽기

성경본문	민수기 16장	시편 52~54편	이사야 6장	히브리서 13장
통일주제	**교만** (驕慢, 하나님과 사람 앞에 잘난 체하는 태도로 겸손함이 없이 건방짐)			
개별주제	모세를 향한 고라 다단 아비람의 교만	다윗을 향한 도엑과 어리석은 자의 교만	듣지도 보지도 깨닫지도 못하는 자의 교만	말씀을 인도하는 자에게 순종하지 않는 교만
연합내용	**하나님이 가장 미워하시는 죄는 교만이다. 그러기에 하나님은 겸손한 자에게 은혜를 베푸신다. 고라, 다단, 아비람, 도엑, 이스라엘 선민, 유대인, 말씀으로 인도함을 받는 자 등은 모두 교만의 죄에 빠짐으로 하나님의 심판을 받았음을 기억하고 늘 겸손한 삶을 살아야 한다.**			
핵심구절	1~14,19,21~22 24,26,28~33,35 37~42,45~46,49	52:1~4,7~8 53:1~3,5~6 54:1~3,5,7	1~10,13	1~5,7~8,12~17 23

• 민수기 16장 - 모세를 향한 고라 다단 아비람의 교만

레위의 증손 고핫의 손자 이스할의 아들 고라와 르우벤 자손 엘리압의 아들 다단과 아비람과 벨렛의 아들 온이 당을 짓고...(1~14절)

고라가 온 회중을 회막 문에 모아 놓고 그 두 사람을 대적하려 하매 여호와의 영광이 온 회중에게 나타나시니라(19절)

너희는 이 회중에게서 떠나라 내가 순식간에 그들을 멸하려 하노라...(21~22절)

회중에게 명령하여 이르기를 너희는 고라와 다단과 아비람의 장막 사방에서 떠나라 하라(24절)

모세가 회중에게 말하여 이르되 이 악인들의 장막에서 떠나고 그들의 물건은 아무 것

도 만지지 말라 그들의 모든 죄중에서 너희도 멸망할까 두려워하노라 하매(26절)
모세가 이르되 여호와께서 나를 보내사 이 모든 일을 행하게 하신 것이요 나의 임의로 함이 아닌 줄을 이 일로 말미암아 알리라...(28~33절)
여호와께로부터 불이 나와서 분향하는 이백오십 명을 불살랐더라(35절)
너는 제사장 아론의 아들 엘르아살에게 명령하여 붙는 불 가운데에서 향로를 가져다가 그 불을 다른 곳에 쏟으라 그 향로는 거룩함이니라...(37~42절)
너희는 이 회중에게서 떠나라 내가 순식간에 그들을 멸하려 하노라 하시매 그 두 사람이 엎드리니라...(45~46절)
고라의 일로 죽은 자 외에 염병에 죽은 자가 만 사천칠백 명이었더라(49절)

• 시편 52~54편 - 다윗을 향한 도엑과 어리석은 자의 교만

포악한 자여 네가 어찌하여 악한 계획을 스스로 자랑하는가 하나님의 인자하심은 항상 있도다...(52편 1~4절)
이 사람은 하나님을 자기 2)힘으로 삼지 아니하고 오직 자기 재물의 풍부함을 의지하며 자기의 악으로 스스로 든든하게 하던 자라 하리로다...(52편 7~8절)
어리석은 자는 그의 마음에 이르기를 하나님이 없다 하도다 그들은 부패하며 가증한 악을 행함이여 선을 행하는 자가 없도다...(53편 1~3절)
어리석은 자는 그의 마음에 이르기를 하나님이 없다 하도다 그들은 부패하며 가증한 악을 행함이여 선을 행하는 자가 없도다...(53편 5~6절)
하나님이여 주의 이름으로 나를 구원하시고 주의 힘으로 나를 변호하소서...(54편 1~3절)
주께서는 내 원수에게 악으로 갚으시리니 주의 성실하심으로 그들을 멸하소서(54편 5절)
참으로 주께서는 모든 환난에서 나를 건지시고 내 원수가 보응 받는 것을 내 눈이 똑똑히 보게 하셨나이다(54편 7절)

• 이사야 6장 - 듣지도 보지도 깨닫지도 못하는 자의 교만

웃시야 왕이 죽던 해에 내가 본즉 주께서 높이 들린 보좌에 앉으셨는데 그의 옷자락은

성전에 가득하였고...(1~10절)
그 중에 십분의 일이 아직 남아 있을지라도 이것도 황폐하게 될 것이나 밤나무와 상수리나무가 베임을 당하여도 그 그루터기는 남아 있는 것 같이 거룩한 씨가 이 땅의 그루터기니라 하시더라(13절)

• 히브리서 13장 - 말씀을 인도하는 자에게 순종하지 않는 교만

형제 사랑하기를 계속하고...(1~5절)
하나님의 말씀을 너희에게 일러 주고 너희를 인도하던 자들을 생각하며 그들의 행실의 결말을 주의하여 보고 그들의 믿음을 본받으라...(7~8절)
그러므로 예수도 자기 피로써 백성을 거룩하게 하려고 성문 밖에서 고난을 받으셨느니라...(12~17절)
우리 형제 디모데가 놓인 것을 너희가 알라 그가 속히 오면 내가 그와 함께 가서 너희를 보리라(23절)

Ⅲ. 묵상을 위한 질문

1. 레위의 후손인 고라와 그 자손들이 모세 앞에 잘못한 행동은 무엇이었나요?(1~3,10)

2. 모세는 이 문제를 풀기 위해 고라와 다단과 아비람에게 어떤 말을 했나요?(6,~7,12,17)

3. 다윗은 사악한 자의 결말이 어떻게 될 것이라고 했나요?(52:5,53:5,54:5)

4. 다윗이 도망 다닐 때 하나님께 구한 기도의 내용은 무엇일까요?(1,3,5)

5. 이사야는 하나님의 어떤 모습을 보고 무슨 음성을 들었나요?(1~3,8)

6. 이사야는 여호와 하나님께서 예루살렘과 유다 성읍들을 모두 황폐하게 하실 때에 얼마를 남겨 두겠다고 하셨나요?(11~13)

7. 히브리서 기자가 일반적인 신앙윤리 외에 특별히 권면한 내용은 무엇일까요? (7,17)

8. 히브리서 기자는 예수 그리스도에 관하여 어떻게 설명했나요?(8,12,20)

Ⅳ. 기도

1. 주여, 맡은 바 본분에 충실하고 높은데 처하려는 교만을 갖지 않게 하옵소서.
2. 주여, 선한 사람을 무너뜨리기 위해 악한 자와 합하는 죄를 범치 않게 하옵소서.
3. 주여, 양들의 큰 목자이신 우리 주 예수 그리스도를 바라보며 따르게 하옵소서.

• 하나님 마음 알아가기 •

• 나에게 주시는 말씀(암송하기) •

• 오늘의 감사(기록하기) •

129 일차 / 365 대안 5월 9일

Ⅰ. 맥체인성경의 통독구조<129>

성경 4장 본문을 읽고 4시대 가운데 나타나는 하나님의 역사에 대해 공통주제와 사상을 찾은 후 그 핵심단어를 서로 링크하여 적용점을 묵상하는 구조이다.

Ⅱ. 핵심구절 읽기

성경본문	민수기 17~18장	시편 55편	이사야 7장	야고보서 1장
통일주제	**대안** (代案, 어떤 문제에 답이 될 만한 것이나 해결할 만한 방안)			
개별주제	아론 제사장의 일을 넘보지 못하게 하신 여호와의 대안은 싹이 남	원수의 위험에서 구원을 얻는 다윗의 대안은 간절한 탄원기도	아람과 이스라엘의 동맹이 유다를 넘볼 때 주님의 대안은 임마누엘	믿는 자들이 시험을 당할 때 승리하는 대안은 인내와 지혜
연합내용	**모든 문제에는 답이 있다. 영적인 질서의 문제나 개인적인 인간관계의 문제, 더 나아가 국가의 문제나 성도의 삶의 문제에도 다 대안이 있다. 이 모든 대안은 하나님의 말씀과 구체적인 도우심에 있다.**			
핵심구절	17:2~5,8~10 18:1~4,6~8,10 13,15~22,26,28	1~3,9,12~14 16~17,22~23	1~4,7~9,11~12 14~18,23~24	2~7,10~15,17 19~22,26~27

• 민수기 17~18장 - 아론 제사장의 일을 넘보지 못하게 하신 여호와의 대안은 싹이 남

너는 이스라엘 자손에게 말하여 그들 중에서 각 조상의 가문을 따라 지팡이 하나씩을 취하되 곧 그들의 조상의 가문대로 그 모든 지휘관에게서 지팡이 열둘을 취하고 그 사람들의 이름을 각각 그 지팡이에 쓰되...(17장 2~5절)

이튿날 모세가 증거의 장막에 들어가 본즉 레위 집을 위하여 낸 아론의 지팡이에 움이 돋고 순이 나고 꽃이 피어서 살구 열매가 열렸더라...(17장 8~10절)

여호와께서 아론에게 이르시되 너와 네 아들들과 네 조상의 가문은 성소에 대한 죄를 함께 담당할 것이요 너와 네 아들들은 너희의 제사장 직분에 대한 죄를 함께 담당할 것이니라...(18장 1~4절)

보라 내가 이스라엘 자손 중에서 너희의 형제 레위인을 택하여 내게 돌리고 너희에게 선물로 주어 회막의 일을 하게 하였나니...(18장 6~8절)

지극히 거룩하게 여김으로 먹으라 이는 네게 성물인즉 남자들이 다 먹을지니라(18장 10절)
그들이 여호와께 드리는 그 땅의 처음 익은 모든 열매는 네 것이니 네 집에서 정결한 자마다 먹을 것이라(18장 13절)
여호와께 드리는 모든 생물의 처음 나는 것은 사람이나 짐승이나 다 네 것이로되 처음 태어난 사람은 반드시 대속할 것이요 처음 태어난 부정한 짐승도 대속할 것이며...(18장 15~22절)
너는 레위인에게 말하여 그에게 이르라 내가 이스라엘 자손에게 받아 너희에게 기업으로 준 십일조를 너희가 그들에게서 받을 때에 그 십일조의 십일조를 거제로 여호와께 드릴 것이라(18장 26절)
너희는 이스라엘 자손에게서 받는 모든 것의 십일조 중에서 여호와께 거제로 드리고 여호와께 드린 그 거제물은 제사장 아론에게로 돌리되(18장 28절)

• 시편 55편 - 원수의 위험에서 구원을 얻는 다윗의 대안은 간절한 탄원기도

하나님이여 내 기도에 귀를 기울이시고 내가 간구할 때에 숨지 마소서...(1~3절)
내가 성내에서 강포와 분쟁을 보았사오니 주여 그들을 멸하소서 그들의 혀를 잘라 버리소서(9절)
나를 책망하는 자는 원수가 아니라 원수일진대 내가 참았으리라 나를 대하여 자기를 높이는 자는 나를 미워하는 자가 아니라 미워하는 자일진대 내가 그를 피하여 숨었으리라...(12~14절)
나는 하나님께 부르짖으리니 여호와께서 나를 구원하시리로다...(16~17절)
네 짐을 여호와께 맡기라 그가 너를 붙드시고 의인의 요동함을 영원히 허락하지 아니하시리로다...(22~23절)

• 이사야 7장 - 아람과 이스라엘의 동맹이 유다를 넘볼 때 주님의 대안은 임마누엘

웃시야의 손자요 요담의 아들인 유다의 아하스 왕 때에 아람의 르신 왕과 르말리야의 아들 이스라엘의 베가 왕이 올라와서 예루살렘을 쳤으나 능히 이기지 못하니라...(1~4절)

주 여호와의 말씀이 그 일은 서지 못하며 이루어지지 못하리라...(7~9절)
너는 네 하나님 여호와께 한 징조를 구하되 깊은 데에서든지 높은 데에서든지 구하라 하시니...(11~12절)
그러므로 주께서 친히 징조를 너희에게 주실 것이라 보라 처녀가 잉태하여 아들을 낳을 것이요 그의 이름을 임마누엘이라 하리라...(14~18절)
그 날에는 천 그루에 은 천 개의 가치가 있는 포도나무가 있던 곳마다 찔레와 가시가 날 것이라...(23~24절)

• 야고보서 1장 - 믿는 자들이 시험을 당할 때 승리하는 대안은 인내와 지혜

내 형제들아 너희가 여러 가지 시험을 당하거든 온전히 기쁘게 여기라...(2~7절)
부한 자는 자기의 낮아짐을 자랑할지니 이는 그가 풀의 꽃과 같이 지나감이라...(10~15절)
온갖 좋은 은사와 온전한 선물이 다 위로부터 빛들의 아버지께로부터 내려오나니 그는 변함도 없으시고 회전하는 그림자도 없으시니라(17절)
내 사랑하는 형제들아 너희가 알지니 사람마다 듣기는 속히 하고 말하기는 더디 하며 성내기도 더디 하라...(19~22절)
누구든지 스스로 경건하다 생각하며 자기 혀를 재갈 물리지 아니하고 자기 마음을 속이면 이 사람의 경건은 헛것이라...(26~27절)

Ⅲ. 묵상을 위한 질문

1. 여호와는 이스라엘 자손이 다시는 아론의 제사장직을 거스르지 않도록 하기 위하여 어떤 대안을 말씀하셨나요?(17:2,4~5,10)

2. 여호와는 회막의 일과 제사장의 일이 레위인에게 무엇이 된다고 하셨나요?(18:6~7)

3. 다윗은 원수의 위험에서 어떤 기도를 드렸나요?(1~3,9,16~17,23)

4. 다윗은 자신의 원수가 어디에 있다고 했나요?(13~15)

5. 유다왕 아하스가 아람과 이스라엘이 동맹하여 침략할 때에 두려워하는 것을 보고 하나님은 어떤 대안을 말씀하셨나요?(4,7~9)

6. 이사야는 여호와 하나님의 영원한 대안이 무엇이라고 예언했나요?(14)

7. 야고보는 시험을 당하는 자들의 승리하는 대안은 무엇이라고 했나요?(2~4,12)

8. 야고보는 참된 경건에 대하여 어떤 삶의 모습을 강조했나요?(22,26~27)

Ⅳ. 기도

1. 주여, 주의 일을 맡아 행하는 자에게 권위를 주사 흔들리지 않게 하옵소서.
2. 주여, 하나님의 영원한 대안이신 임마누엘이 예수로 성취됨을 알게 하옵소서.
3. 주여, 여러 가지 시험을 만났을 때 오직 인내와 지혜로 능히 이기게 하옵소서.

• 하나님 마음 알아가기 •

• 나에게 주시는 말씀(암송하기) •

• 오늘의 감사(기록하기) •

130 일차 / 365 부정 5월 10일

Ⅰ. 맥체인성경의 통독구조<130>

성경 66권은 1600년이 넘는 긴 세월 동안 성령의 감동을 입은 각 시대의 사람들이 각기 다른 장소에서 기록한 것을 정경화한 것이다. 그럼에도 불구하고 놀랍게도 제각각 짝이 있고 통일된 주제와 일관된 메시지를 전한다. 이것은 우연이 아니며 하나님이 저자이심을 증명하고 있다. 따라서 새로운 편집방식으로 읽을 때 더 깊은 감동을 경험하게 된다.

Ⅱ. 핵심구절 읽기

성경본문	민수기 19장	시편 56~57편	이사야 8,9:1~7절	야고보서 2장
통일주제	**부정** (不淨, 하나님 앞에서 율법을 어기거나 죄를 범하여 더러워진 상태)			
개별주제	시체를 접한 모든 것의 영적 상태적 상황적인 부정	다윗의 원수들이 행하는 사악한 죄악의 부정	율법과 증거의 말씀을 떠난 백성과 사람들의 부정	사람을 차별하고 행동없는 믿음을 보인 신자의 부정
연합내용	**모든 사람은 죄인이다. 의인은 없나니 하나도 없다. 더러운 것을 만짐으로 부정해지고, 사람을 미워하고 괴롭힘으로 부정해지며, 주의 명령을 거역함으로 부정해지고, 행함없는 믿음으로 부정해진다. 이 모든 부정은 오직 예수 그리스도를 믿는 믿음으로 정결해진다.**			
핵심구절	2~9,11~13 15~18,22	56:1~5,8~11 57:1~3,5,7~11	8:3~4,6~13 16~18,20 9:1~4,6~7	2~5,8~10,13~17 19,21~22,24,26

• 민수기 19장 - 시체를 접한 모든 것의 영적 상태적 상황적인 부정

여호와께서 명령하시는 법의 율례를 이제 이르노니 이스라엘 자손에게 일러서 온전하여 흠이 없고 아직 멍에 메지 아니한 붉은 암송아지를 네게로 끌어오게 하고...(2~9절)
사람의 시체를 만진 자는 이레 동안 부정하리니...(11~13절)
뚜껑을 열어 놓고 덮지 아니한 그릇은 모두 부정하니라...(15~18절)
부정한 자가 만진 것은 무엇이든지 부정할 것이며 그것을 만지는 자도 저녁까지 부정하리라(22절)

• 시편 56~57편 - 다윗의 원수들이 행하는 사악한 죄악의 부정

하나님이여 내게 은혜를 베푸소서 사람이 나를 삼키려고 종일 치며 압제하나이다...(56편 1~5절)

나의 유리함을 주께서 계수하셨사오니 나의 눈물을 주의 병에 담으소서 이것이 주의 책에 기록되지 아니하였나이까...(56편 8~11절)

하나님이여 내게 은혜를 베푸소서 내게 은혜를 베푸소서 내 영혼이 주께로 피하되 주의 날개 그늘 아래에서 이 재앙들이 지나기까지 피하리이다...(57편 1~3절)

하나님이여 주는 하늘 위에 높이 들리시며 주의 영광이 온 세계 위에 높아지기를 원하나이다(57편 5절)

하나님이여 내 마음이 확정되었고 내 마음이 확정되었사오니 내가 노래하고 내가 찬송하리이다...(57편 7~11절)

• 이사야 8장, 9장 1~7절 - 율법과 증거의 말씀을 떠난 백성과 사람들의 부정

내가 내 아내를 가까이 하매 그가 임신하여 아들을 낳은지라 여호와께서 내게 이르시되 그의 이름을 마헬살랄하스바스라 하라...(8장 3~4절)

이 백성이 천천히 흐르는 실로아 물을 버리고 르신과 르말리야의 아들을 기뻐하느니라...(8장 6~13절)

너는 증거의 말씀을 싸매며 율법을 내 제자들 가운데에서 봉함하라...(8장 16~18절)

마땅히 율법과 증거의 말씀을 따를지니 그들이 말하는 바가 이 말씀에 맞지 아니하면 그들이 정녕 아침 빛을 보지 못하고(8장 20절)

전에 고통 받던 자들에게는 흑암이 없으리로다 옛적에는 여호와께서 스불론 땅과 납달리 땅이 멸시를 당하게 하셨더니 후에는 해변 길과 요단 저쪽 이방의 갈릴리를 영화롭게 하셨느니라...(9장 1~4절)

이는 한 아기가 우리에게 났고 한 아들을 우리에게 주신 바 되었는데 그의 어깨에는 정사를 메었고 그의 이름은 기묘자라, 모사라, 전능하신 하나님이라, 영존하시는 아버지라, 평강의 왕이라 할 것임이라...(9장 6~7절)

• **야고보서 2장 - 사람을 차별하고 행동없는 믿음을 보인 신자의 부정**

만일 너희 회당에 금 가락지를 끼고 아름다운 옷을 입은 사람이 들어오고 또 남루한 옷을 입은 가난한 사람이 들어올 때에...(2~5절)
만일 너희 회당에 금 가락지를 끼고 아름다운 옷을 입은 사람이 들어오고 또 남루한 옷을 입은 가난한 사람이 들어올 때에...(8~10절)
긍휼을 행하지 아니하는 자에게는 긍휼 없는 심판이 있으리라 긍휼은 심판을 이기고 자랑하느니라...(13~17절)
네가 하나님은 한 분이신 줄을 믿느냐 잘하는도다 귀신들도 믿고 떠느니라 (19절)
우리 조상 아브라함이 그 아들 이삭을 제단에 바칠 때에 행함으로 의롭다 하심을 받은 것이 아니냐...(21~22절)
이로 보건대 사람이 행함으로 의롭다 하심을 받고 믿음으로만은 아니니라(24절)
영혼 없는 몸이 죽은 것 같이 행함이 없는 믿음은 죽은 것이니라(26절)

III. 묵상을 위한 질문

1. 여호와께서 모세와 아론에게 명령하신 속죄제 율례는 어떻게 지키는 것일까요?(2~7,9)

2. 시체와 연관되어 부정해진 것은 어떻게 정결하게 할 수 있을까요?(12,17~19)

3. 다윗이 원수들의 사악함으로 힘들 때 가장 힘썼던 경건은 무엇일까요?(56:1,4,8~10)

4. 다윗이 사울의 핍박으로 인하여 힘들 때 그의 신앙고백은 무엇이었나요?(57:7~11)

5. 여호와께서 이사야의 아들의 이름을 통해 어떤 계획을 예언하셨나요?(8:1,3~4,7~8)

6. 여호와께서 인류를 구원하시기 위해 계획하신 놀라운 일은 무엇일까요?(9:1~2,6~7)

7. 야고보는 믿는 자가 범해서는 안되는 행동 중에 먼저 무엇을 말했나요?(1~4,9)

8. 야고보는 진정한 믿음은 무엇이 따라야 한다고 말했나요?(14,17,21~22,26)

Ⅳ. 기도

1. 주여, 예수 그리스도의 보혈 안에서 늘 정결한 삶을 살게 하옵소서.
2. 주여, 기묘자, 모사, 전능하신 하나님, 평강의 왕이신 주를 따르게 하옵소서.
3. 주여, 사람을 차별하지 않게 하시고 행함이 있는 믿음으로 살아가게 하옵소서.

• 하나님 마음 알아가기 •

• 나에게 주시는 말씀(암송하기) •

• 오늘의 감사(기록하기) •

131 일차 / 365 섭리 5월 11일

I. 맥체인성경의 통독구조<131>

맥체인성경의 순서대로!

창세기~역대하 : 만물의 시작과 이스라엘의 시작

마태복음~요한복음 : 예수의 복음사역과 십자가 구속

에스라~말라기 : 이스라엘의 멸망과 새 시대의 시작

사도행전~요한계시록 : 교회의 시작과 선교

II. 핵심구절 읽기

성경본문	민수기 20장	시편 58~59편	이사야 9:8~10:4절	야고보서 3장
통일주제	**섭리** (攝理, 천지만물을 창조하신 하나님이 세상만물을 다스리는 뜻과 이치)			
개별주제	모세와 아론의 운명을 향한 하나님의 섭리	악을 행하는 자들을 향한 하나님의 섭리	거역하는 이스라엘을 향한 하나님의 섭리	마음과 혀의 결과에 권징을 보이시는 하나님의 섭리
연합내용	**세상에는 세 가지의 뜻이 있다. 하나님의 뜻과 사람의 뜻과 사단의 뜻이다. 하지만 최종적으로 구원과 심판을 이루는 뜻은 하나님의 뜻이다. 이 하나님의 뜻을 우리는 섭리라 한다.**			
핵심구절	2~6,10~14 17~19,24~26,29	58:1~2,7~9,11 59:3,7~13,16	9:9~15,17,19~21 10:1~4	1~11,13~14 16~18

• 민수기 20장 - 모세와 아론의 운명을 향한 하나님의 섭리

회중이 물이 없으므로 모세와 아론에게로 모여드니라...(2~6절)

모세와 아론이 회중을 그 반석 앞에 모으고 모세가 그들에게 이르되 반역한 너희여 들으라 우리가 너희를 위하여 이 반석에서 물을 내랴 하고...(10~14절)

청하건대 우리에게 당신의 땅을 지나가게 하소서 우리가 밭으로나 포도원으로 지나가지 아니하고 우물물도 마시지 아니하고 왕의 큰길로만 지나가고 당신의 지경에서 나가기까지 왼쪽으로나 오른쪽으로나 치우치지 아니하리이다 한다고 하라 하였더니...(17~19절)

아론은 그 조상들에게로 돌아가고 내가 이스라엘 자손에게 준 땅에는 들어가지 못하리니 이는 너희가 므리바 물에서 내 말을 거역한 까닭이니라...(24~26절)
온 회중 곧 이스라엘 온 족속이 아론이 죽은 것을 보고 그를 위하여 삼십 일 동안 애곡하였더라(29절)

• 시편 58~59편 - 악을 행하는 자들을 향한 하나님의 섭리

통치자들아 너희가 정의를 말해야 하거늘 어찌 잠잠하냐 인자들아 너희가 올바르게 판결해야 하거늘 어찌 잠잠하냐...(58편 1~2절)
그들이 급히 흐르는 물 같이 사라지게 하시며 겨누는 화살이 꺾임 같게 하시며...(58편 7~9절)
그 때에 사람의 말이 진실로 의인에게 갚음이 있고 진실로 땅에서 심판하시는 하나님이 계시다 하리로다(58편 11절)
그들이 나의 생명을 해하려고 엎드려 기다리고 강한 자들이 모여 나를 치려 하오니 여호와여 이는 나의 잘못으로 말미암음이 아니요 나의 죄로 말미암음도 아니로소이다(59편 3절)
그들의 입으로는 악을 토하며 그들의 입술에는 칼이 있어 이르기를 누가 들으리요 하나이다...(59편 7~13절)
나는 주의 힘을 노래하며 아침에 주의 인자하심을 높이 부르오리니 주는 나의 요새이시며 나의 환난 날에 피난처심이니이다...(59편 16절)

• 이사야 9장 8절 ~ 10장 4절 - 거역하는 이스라엘을 향한 하나님의 섭리

모든 백성 곧 에브라임과 사마리아 주민이 알 것이어늘 그들이 교만하고 완악한 마음으로 말하기를...(9장 9~15절)
이 백성이 모두 경건하지 아니하며 악을 행하며 모든 입으로 망령되이 말하니 그러므로 주께서 그들의 장정들을 기뻐하지 아니하시며 그들의 고아와 과부를 긍휼히 여기지 아니하시리라 그럴지라도 여호와의 진노가 돌아서지 아니하며 그의 손이 여전히 펴져 있으리라(9장 17절)
만군의 여호와의 진노로 말미암아 이 땅이 불타리니 백성은 불에 섶과 같을 것이라 사

람이 자기의 형제를 아끼지 아니하며...(9장 19~21절)
불의한 법령을 만들며 불의한 말을 기록하며...(10장 1~4절)

• 야고보서 3장 - 마음과 혀의 결과에 권징을 보이시는 하나님의 섭리

내 형제들아 너희는 선생된 우리가 더 큰 심판을 받을 줄 알고 선생이 많이 되지 말라...(1~11절)
너희 중에 지혜와 총명이 있는 자가 누구냐 그는 선행으로 말미암아 지혜의 온유함으로 그 행함을 보일지니라...(13~14절)
시기와 다툼이 있는 곳에는 혼란과 모든 악한 일이 있음이라...(16~18절)

Ⅲ. 묵상을 위한 질문

1. 모세가 에돔땅 변방 가데스와 호르산에서 당한 세 가지의 아픔은 무엇일까요?(1~5,28)

2. 모세와 아론이 약속의 땅에 들어가지 못하게 된 이유는 무엇일까요?(7~12,24)

3. 하나님은 악한 통치자에 대해 어떤 섭리를 가지고 계실까요?(58:1~2,11)

4. 다윗은 자신을 향하여 악을 행하는 자들에게 하나님이 어떻게 해 주시길 기도 했나요?(59:1~2,11~13)

5. 이사야는 돌아오지 않는 불의한 이스라엘을 향한 여호와의 심판이 혹독함을 어떻게 표현했나요?(9:11~12,17,21,10:4)

6. 이스라엘 백성은 하나님의 심판 앞에서 어떤 태도를 보였나요?(9:9~10,13,10:1~2)

7. 야고보는 믿는 형제가 가장 조심해야 할 것이 무엇이라고 말했나요?(2,5~10)

8. 야고보는 위로부터 난 지혜가 무엇이라고 말했나요?(17)

IV. 기도

1. 주여, 늘 자신의 감정을 다스리고 분노 가운데서 사역하지 않게 하옵소서.
2. 주여, 바르게 회개함으로 하나님의 진노하심의 손이 여전하지 않게 하옵소서.
3. 주여, 위로부터 난 지혜로 혀를 잘 다스려 하나님께 영광을 돌리게 하옵소서.

• 하나님 마음 알아가기 •

• 나에게 주시는 말씀(암송하기) •

• 오늘의 감사(기록하기) •

132 일차 / 365 전쟁 5월 12일

Ⅰ. 맥체인성경의 통독구조<132>

일반적으로 편집된 성경의 순서대로!

창세기~역대하 : 만물의 시작과 이스라엘의 시작

에스라~말라기 : 이스라엘의 멸망과 새 시대의 시작

마태복음~요한복음 : 예수의 복음사역과 십자가 구속

사도행전~요한계시록 : 교회의 시작과 선교

Ⅱ. 핵심구절 읽기

성경본문	민수기 21장	시편 60~61편	이사야 10:5~34절	야고보서 4장
통일주제	**전쟁** (戰爭, 나라나 단체 또는 세력 사이에 전략과 무력을 써서 다투는 싸움)			
개별주제	아모리왕 시혼과 바산왕 옥에 대한 이스라엘의 전쟁	이방민족과 대적 원수에 대한 다윗의 전쟁	경건치 못한 이스라엘에 대한 앗수르의 심판 전쟁	세상과 마귀에 대한 성도의 영적인 전쟁
연합내용	**성경에는 다양한 전쟁의 기록이 있다. 선민과 이방민족과의 전쟁, 다윗과 이방 장수와의 전쟁, 북왕국과 남왕국이 북방과 남방세력과 다투는 전쟁, 성도가 마귀와 악한 영에 대하여 싸우는 영적 전쟁 등 이다.**			
핵심구절	3~9,16~18 21~26,32~35	60:1,3~5,10~12 61:1~5,7~8	10:5~7,10~15 20~22,25~26	1~4,7~10,13~15

• 민수기 21장 - 아모리왕 시혼과 바산왕 옥에 대한 이스라엘의 전쟁

여호와께서 이스라엘의 목소리를 들으시고 가나안 사람을 그들의 손에 넘기시매 그들과 그들의 성읍을 다 멸하니라 그러므로 그 곳 이름을 호르마라 하였더라...(3~9절)

거기서 브엘에 이르니 브엘은 여호와께서 모세에게 명령하시기를 백성을 모으라 내가 그들에게 물을 주리라 하시던 우물이라...(16~18절)

이스라엘이 아모리 왕 시혼에게 사신을 보내어 이르되...(21~26절)

모세가 또 사람을 보내어 야셀을 정탐하게 하고 그 촌락들을 빼앗고 그 곳에 있던 아모리인을 몰아 내었더라...(32~35절)

• 시편 60~61편 - 이방민족과 대적 원수에 대한 다윗의 전쟁

하나님이여 주께서 우리를 버려 흩으셨고 분노하셨사오나 지금은 우리를 회복시키소서(60편 1절)
주께서 주의 백성에게 어려움을 보이시고 비틀거리게 하는 포도주를 우리에게 마시게 하셨나이다...(60편 3~5절)
하나님이여 주께서 우리를 버리지 아니하셨나이까 하나님이여 주께서 우리 군대와 함께 나아가지 아니하시나이다...(60편 10~12절)
하나님이여 나의 부르짖음을 들으시며 내 기도에 유의하소서...(61편 1~5절)
그가 영원히 하나님 앞에서 거주하리니 인자와 진리를 예비하사 그를 보호하소서...(61편 7~8절)

• 이사야 10장 5~34절 - 경건치 못한 이스라엘에 대한 앗수르의 심판 전쟁

앗수르 사람은 화 있을진저 그는 내 진노의 막대기요 그 손의 몽둥이는 내 분노라...(5~7절)
내 손이 이미 우상을 섬기는 나라들에 미쳤나니 그들이 조각한 신상들이 예루살렘과 사마리아의 신상들보다 뛰어났느니라...(10~15절)
그 날에 이스라엘의 남은 자와 야곱 족속의 피난한 자들이 다시는 자기를 친 자를 의지하지 아니하고 이스라엘의 거룩하신 이 여호와를 진실하게 의지하리니...(20~22절)
내가 오래지 아니하여 네게는 분을 그치고 그들은 내 진노로 멸하리라 하시도다...(25~26절)

• 야고보서 4장 - 세상과 마귀에 대한 성도의 영적인 전쟁

너희 중에 싸움이 어디로부터 다툼이 어디로부터 나느냐 너희 지체 중에서 싸우는 정욕으로부터 나는 것이 아니냐...(1~4절)
그런즉 너희는 하나님께 복종할지어다 마귀를 대적하라 그리하면 너희를 피하리라...(7~10절)
들으라 너희 중에 말하기를 오늘이나 내일이나 우리가 어떤 도시에 가서 거기서 일 년

을 머물며 장사하여 이익을 보리라 하는 자들아...(13~15절)

Ⅲ. 묵상을 위한 질문

1. 이스라엘 백성이 호르마 승전을 한 후 하나님과 모세를 원망한 이유는 무엇일까요?(4~5)

2. 요단 동편에 있는 아모리왕 시혼과 바산왕 옥은 왜 이스라엘 자손에게 점령을 당했나요?(21~26,33~35)

3. 다윗은 전쟁을 대할 때마다 여호와 하나님을 어떻게 의지했나요?(60:4,12)

4. 다윗은 마음이 약해 질 때 주님을 어떤 분으로 믿고 어떤 기도를 드렸나요?(61:2~3,5,8)

5. 하나님은 경건치 못한 이스라엘 백성을 칠 도구로 어느 나라를 사용하였나요?(5~6,24)

6. 하나님은 앗수르 나라에 대해 어떤 이유로 어떤 계획을 가지고 계셨나요?(7~15,25)

7. 야고보는 믿는 형제들에게 무엇을 신신당부했나요?(7~10)

8. 야고보는 믿는 형제들이 어떤 생각을 가져서는 안된다고 했나요?(13~15)

Ⅳ. 기도

1. 주여, 이 민족이 타 민족과 정치, 경제, 외교 전쟁을 할 때 승리하게 하옵소서.
2. 주여, 이 민족이 경건치 못하여 하나님의 매를 맞는 일이 없게 하옵소서.
3. 주여, 하나님을 인정하지 않고 미래를 계획하는 우를 범하지 않게 하옵소서.

• 하나님 마음 알아가기 •

• 나에게 주시는 말씀(암송하기) •

• 오늘의 감사(기록하기) •

133 일차 / 365 전략 5월 13일

Ⅰ. 맥체인성경의 통독구조<133>

하나님의 섭리의 다각성을 살펴보면, 하나님의 섭리(뜻)는 다양한 방향으로 나타난다. 또한 하나님의 섭리(뜻)는 다양한 방법으로 나타난다.

Ⅱ. 핵심구절 읽기

성경본문	민수기 22장	시편 62~63편	이사야 11~12장	야고보서 5장
통일주제	**전략** (戰略, 영적 생활이나 사회적 활동을 하는데에 있어서의 방법이나 책략)			
개별주제	모압왕 바락이 이스라엘을 저주하기 위해 세운 전략	다윗의 원수들이 다윗을 넘어뜨리기 위해 세운 전략	심판 후에 하나님이 유다를 회복시키기 위해 세우신 전략	재림이 가까운 말세에 자신과 교회의 형제를 지키는 전략
연합내용	**세상은 경쟁하고 발전한다. 동시에 악하다. 따라서 모든 사람은 전략을 가지고 산다. 정치, 경제, 사회, 종교 영역 속에서 살아남기 위해 끊임없이 전략을 수립하고 싸운다. 믿는 자들은 참 전략으로 승리해야 한다.**			
핵심구절	1~3,5~6,8,12~13 15~20,22~23 28~35,38,41	62:1~4,7~8,10 63:1~4,6~9,11	11:1~5,9~13,16 12:1~5	1~3,6~9,12~16

• 민수기 22장 - 모압왕 바락이 이스라엘을 저주하기 위해 세운 전략

이스라엘 자손이 또 길을 떠나 모압 평지에 진을 쳤으니 요단 건너편 곧 여리고 맞은편이더라...(1~3절)

그가 사신을 브올의 아들 발람의 고향인 강 가 브돌에 보내어 발람을 부르게 하여 이르되 보라 한 민족이 애굽에서 나왔는데 그들이 지면에 덮여서 우리 맞은편에 거주하였고...(5~6절)

발람이 그들에게 이르되 이 밤에 여기서 유숙하라 여호와께서 내게 이르시는 대로 너희에게 대답하리라 모압 귀족들이 발람에게서 유숙하니라(8절)

하나님이 발람에게 이르시되 너는 그들과 함께 가지도 말고 그 백성을 저주하지도 말라 그들은 복을 받은 자들이니라...(12~13절)

발락이 다시 그들보다 더 높은 고관들을 더 많이 보내매...(15~20절)
그가 감으로 말미암아 하나님이 진노하시므로 여호와의 사자가 그를 막으려고 길에 서니라 발람은 자기 나귀를 탔고 그의 두 종은 그와 함께 있더니...(22~23절)
여호와께서 나귀 입을 여시니 발람에게 이르되 내가 당신에게 무엇을 하였기에 나를 이같이 세 번을 때리느냐...(28~35절)
발람이 발락에게 이르되 내가 오기는 하였으나 무엇을 말할 능력이 있으리이까 하나님이 내 입에 주시는 말씀 그것을 말할 뿐이니이다(38절)
아침에 발락이 발람과 함께 하고 그를 인도하여 바알의 산당에 오르매 발람이 거기서 이스라엘 백성의 진 끝까지 보니라(41절)

• 시편 62~63편 - 다윗의 원수들이 다윗을 넘어뜨리기 위해 세운 전략

나의 영혼이 잠잠히 하나님만 바람이여 나의 구원이 그에게서 나오는도다...(62편 1~4절)
나의 구원과 영광이 하나님께 있음이여 내 힘의 반석과 피난처도 하나님께 있도다...(62편 7~8절)
포악을 의지하지 말며 탈취한 것으로 허망하여지지 말며 재물이 늘어도 거기에 마음을 두지 말지어다(62편 10절)
하나님이여 주는 나의 하나님이시라 내가 간절히 주를 찾되 물이 없어 마르고 황폐한 땅에서 내 영혼이 주를 갈망하며 내 육체가 주를 앙모하나이다...(63편 1~4절)
내가 나의 침상에서 주를 기억하며 새벽에 주의 말씀을 작은 소리로 읊조릴 때에 하오리니...(63편 6~9절)
왕은 하나님을 즐거워하리니 주께 맹세한 자마다 자랑할 것이나 거짓말하는 자의 입은 막히리로다...(63편 11절)

• 이사야 11~12장 - 심판 후에 하나님이 유다를 회복시키기 위해 세우신 전략

이새의 줄기에서 한 싹이 나며 그 뿌리에서 한 가지가 나서 결실할 것이요...(11장 1~5절)
내 거룩한 산 모든 곳에서 해 됨도 없고 상함도 없을 것이니 이는 물이 바다를 덮음 같

이 여호와를 아는 지식이 세상에 충만할 것임이니라...(11장 9~13절)
그의 남아 있는 백성 곧 앗수르에서 남은 자들을 위하여 큰 길이 있게 하시되 이스라엘이 애굽 땅에서 나오던 날과 같게 하시리라(11장 16절)
그 날에 네가 말하기를 여호와여 주께서 전에는 내게 노하셨사오나 이제는 주의 진노가 돌아섰고 또 주께서 나를 안위하시오니 내가 주께 감사하겠나이다 할 것이니라...(12장 1~5절)

• 야고보서 5장 - 재림이 가까운 말세에 자신과 교회의 형제를 지키는 전략

들으라 부한 자들아 너희에게 임할 고생으로 말미암아 울고 통곡하라...(1~3절)
너희는 의인을 정죄하고 죽였으나 그는 너희에게 대항하지 아니하였느니라...(6~9절)
내 형제들아 무엇보다도 맹세하지 말지니 하늘로나 땅으로나 아무 다른 것으로도 맹세하지 말고 오직 너희가 그렇다고 생각하는 것은 그렇다 하고 아니라고 생각하는 것은 아니라 하여 정죄 받음을 면하라...(12~16절)

Ⅲ. 묵상을 위한 질문

1. 모압왕 발락은 이스라엘이 시혼과 옥을 물리치고 자신의 지역에 들어왔다는 소식을 듣고 번민한 나머지 어떤 전략을 세웠나요?(5~6,15~17)

2. 여호와 하나님은 발람에게 어떤 표적을 보이시고 또 어떤 말씀을 하셨나요?(22~35)

3. 다윗은 자신을 넘어뜨리려는 원수들 앞에서 어떤 태도를 취했나요?(62:1~5,8)

4. 다윗은 물이 없고 마른 유다 광야에서 어떻게 승리할 수 있었나요?(63:1~3,6~8)

5. 여호와 하나님은 이스라엘을 회복시키시기 위해 남은 자를 돌아오게 하실 때 누구를 통하여 이 일을 행하신다고 예언하셨나요?(11:1~5,10~12,16)

6. 이사야는 여호와 하나님의 은혜를 입은 자가 무엇에 힘써야 한다고 했나요?(12:1~5)

7. 야고보는 말세에 믿는 자가 무엇을 주의해야 한다고 경고하고 있나요?(1~5)

8. 야고보는 주의 재림이 가까이 올수록 믿는 형제들이 무엇에 힘써야 한다고 했나요?(7~8,10~11,13,15~16)

Ⅳ. 기도

1. 주여, 삶 속에 어려운 일이 다가와도 그릇된 방법을 추구하지 않게 하옵소서.
2. 주여, 하나님께서 우리를 위해 보내 주신 예수님을 바로 따라 가게 하옵소서.
3. 주여, 재림이 가까운 때에 청렴과 인내와 기도에 힘쓰는 자가 되게 하옵소서.

• 하나님 마음 알아가기 •

• 나에게 주시는 말씀(암송하기) •

• 오늘의 감사(기록하기) •

134 일차 / 365 음모 5월 14일

Ⅰ. 맥체인성경의 통독구조<134>

역사이해 : 과거의 역사를 살피고 오늘의 관점에서 다시 재해석한다.

성경해석 : 본문시대의 역사 - 본문 속에 등장한 사건시대의 역사를 말한다.
기록시대의 역사 - 성경을 기술한 해당시대의 역사를 말한다.
독자시대의 역사 - 성경을 읽고 있는 독자시대의 역사를 말한다.

Ⅱ. 핵심구절 읽기

성경본문	민수기 23장	시편 64~65편	이사야 13장	베드로전서 1장
통일주제	**음모** (陰謀, 남모르게 나쁜 일을 꾸밈)			
개별주제	이스라엘을 저주하려는 발락의 음모	다윗을 해하려고 악을 꾀하는 자의 음모	심판의 도구인 바벨론과 메대의 음모	택하신 자를 많은 시험으로 넘어지게 하려는 음모
연합내용	**사단은 하와를 꾀었다. 결국 그 음모에 의해 불순종의 죄를 짓게 되었다. 그 후 예수 그리스도의 보혈로 속죄함을 입은 성도는 계속 되는 마귀와 악한 자의 음모 속에서 시험을 당한다. 반드시 승리해야 한다.**			
핵심구절	1~2,5~9,11~13 16,18~21,25~27 30	64:2~7,10 65:1,4~5,9~13	1~6,9,11,13~17 19~20	2~5,7,9,13~19 22~25

• 민수기 23장 - 이스라엘을 저주하려는 발락의 음모

발람이 발락에게 이르되 나를 위하여 여기 제단 일곱을 쌓고 거기 수송아지 일곱 마리와 숫양 일곱 마리를 준비하소서 하매...(1~2절)
여호와께서 발람의 입에 말씀을 주시며 이르시되 발락에게 돌아가서 이렇게 말할지니라...(5~9절)
발락이 발람에게 이르되 그대가 어찌 내게 이같이 행하느냐 나의 원수를 저주하라고 그대를 데려왔거늘 그대가 오히려 축복하였도다...(11~13절)
여호와께서 발람에게 임하사 그의 입에 말씀을 주시며 이르시되 발락에게로 돌아가서 이렇게 말할지니라(16절)

발람이 예언하여 이르기를 발락이여 일어나 들을지어다 십볼의 아들이여 내게 자세히 들으라...(18~21절)
발락이 발람에게 이르되 그들을 저주하지도 말고 축복하지도 말라...(25~27절)
발락이 발람의 말대로 행하여 각 제단에 수송아지와 숫양을 드리니라(31절)

• 시편 64~65편 - 다윗을 해하려고 악을 꾀하는 자의 음모

주는 악을 꾀하는 자들의 음모에서 나를 숨겨 주시고 악을 행하는 자들의 소동에서 나를 감추어 주소서...(64편 2~7절)
의인은 여호와로 말미암아 즐거워하며 그에게 피하리니 마음이 정직한 자는 다 자랑하리로다(64편 10절)
하나님이여 찬송이 시온에서 주를 기다리오며 사람이 서원을 주께 이행하리이다(65편 1절)
주께서 택하시고 가까이 오게 하사 주의 뜰에 살게 하신 사람은 복이 있나이다 우리가 주의 집 곧 주의 성전의 아름다움으로 만족하리이다...(65편 4~5절)
땅을 돌보사 물을 대어 심히 윤택하게 하시며 하나님의 강에 물이 가득하게 하시고 이같이 땅을 예비하신 후에 그들에게 곡식을 주시나이다...(65편 9~13절)

• 이사야 13장 - 심판의 도구인 바벨론과 메대의 음모

아모스의 아들 이사야가 바벨론에 대하여 받은 경고라...(1~6절)
보라 여호와의 날 곧 잔혹히 분냄과 맹렬히 노하는 날이 이르러 땅을 황폐하게 하며 그 중에서 죄인들을 멸하리니(9절)
내가 세상의 악과 악인의 죄를 벌하며 교만한 자의 오만을 끊으며 강포한 자의 거만을 낮출 것이며(11절)
그러므로 나 만군의 여호와가 분하여 맹렬히 노하는 날에 하늘을 진동시키며 땅을 흔들어 그 자리에서 떠나게 하리니...(13~17절)
열국의 영광이요 갈대아 사람의 자랑하는 노리개가 된 바벨론이 하나님께 멸망 당한 소돔과 고모라 같이 되리니...(19~20절)

곧 하나님 아버지의 미리 아심을 따라 성령이 거룩하게 하심으로 순종함과 예수 그리스도의 피 뿌림을 얻기 위하여 택하심을 받은 자들에게 편지하노니 은혜와 평강이 너희에게 더욱 많을지어다...(2~5절)

너희 믿음의 확실함은 불로 연단하여도 없어질 금보다 더 귀하여 예수 그리스도께서 나타나실 때에 칭찬과 영광과 존귀를 얻게 할 것이니라(7절)

믿음의 결국 곧 영혼의 구원을 받음이라(9절)

그러므로 너희 마음의 허리를 동이고 근신하여 예수 그리스도께서 나타나실 때에 너희에게 가져다 주실 은혜를 온전히 바랄지어다...(13~19절)

너희가 진리를 순종함으로 너희 영혼을 깨끗하게 하여 거짓이 없이 형제를 사랑하기에 이르렀으니 마음으로 뜨겁게 서로 사랑하라...(22~25절)

Ⅲ. 묵상을 위한 질문

1. 모압왕 발락이 발람에게 세 번씩이나 요청한 것은 무엇이었나요?(11,13,27)

2. 여호와가 발람을 통하여 모압왕 발락에게 하신 말씀은 어떤 내용이었나요?(7~10,18~24)

3. 다윗은 악한 자의 음모를 어떻게 극복하고 승리했을까요?(64:2,7,9~10)

4. 다윗은 주께서 택하시고 가까이 오게 하사 주의 뜰에 살게 하신 사람의 복이 어떠하다고 했나요?(65:4,9~13)

5. 이사야는 어떤 날이 무엇 때문에 다가오고 있다고 예언했나요?(6,9,11,13)

6. 이사야는 하나님의 진로를 당하는 자들의 모습이 어떻다고 했나요?(7~8,14~16)

7. 예수 그리스도로 말미암아 대속함을 받고 얻은 구원을 어떻게 지켜야 할까요? (2,17~19)

8. 베드로는 죄인을 거듭나게 한 말씀이 결국 무엇이라고 했나요?(3,23~25)

Ⅳ. 기도

1. 주여, 거듭되는 재물의 유혹 속에서도 흔들리지 않는 절대적 신앙을 주옵소서.
2. 주여, 다윗이 악한 자의 음모 속에서 승리했던 것처럼 저희도 이기게 하옵소서.
3. 주여, 사단의 여러 가지 시험 속에서도 복음을 굳게 붙잡고 승리하게 하옵소서.

• 하나님 마음 알아가기 •

• 나에게 주시는 말씀(암송하기) •

• 오늘의 감사(기록하기) •

135 일차 / 365 임재 5월 15일

I. 맥체인성경의 통독구조<102>

시간적, 공간적 역사하심 찾기

하나님의 사역은 시간적으로 공간적으로 섬세하게 나타나며 또 역사하신다.

편집순 읽기 –> 연대기 읽기 –> 입체적 읽기 등 읽는 방법이 중요하다.

II. 핵심구절 읽기

성경본문	민수기 24장	시편 66~67편	이사야 14장	베드로전서 2장
통일주제	**임재** (臨齋, 하나님이 인생 속에 주권을 행사하시기 위해 나타나심)			
개별주제	이스라엘을 축복하시기 위해 발람에게 임재하심	모든 민족과 나라를 통치하시기 위해 임재하심	교만한 바벨론을 멸망시키기 위해 임재하심	죄인을 구원하고 성도의 본이 되기 위해 임재하심
연합내용	**성부, 성자, 성령 하나님은 세상 가운데 가시적으로 또는 불가시적으로 임재하신다. 특히 선택한 자들에게 나타나셔서 뜻을 가르쳐 주시고, 악한 자에 대해서는 심판을 행하시며, 성도에 대해서는 약속과 축복의 예언을 말씀하신다.**			
핵심구절	1~2,5~11,14~19	66:3~6,9~12,16 18,20,67:1~5	1~7,9~10,12~17 20,22,25,29 31~32	1~5,9~12,16~19 21~24

• 민수기 24장 - 이스라엘을 축복하시기 위해 발람에게 임재하심

발람이 자기가 이스라엘을 축복하는 것을 여호와께서 선히 여기심을 보고 전과 같이 점술을 쓰지 아니하고 그의 낯을 광야로 향하여...(1~2절)

야곱이여 네 장막들이, 이스라엘이여 네 거처들이 어찌 그리 아름다운고...(5~11절)

이제 나는 내 백성에게로 돌아가거니와 들으소서 내가 이 백성이 후일에 당신의 백성에게 어떻게 할지를 당신에게 말하리이다 하고...(14~19절)

• 시편 66~67편 - 모든 민족과 나라를 통치하시기 위해 임재하심

하나님께 아뢰기를 주의 일이 어찌 그리 엄위하신지요 주의 큰 권능으로 말미암아 주

의 원수가 주께 복종할 것이며...(66편 3~6절)
그는 우리 영혼을 살려 두시고 우리의 실족함을 허락하지 아니하시는 주시로다...(63편 9~12절)
하나님을 두려워하는 너희들아 다 와서 들으라 하나님이 나의 영혼을 위하여 행하신 일을 내가 선포하리로다(63편 16절)
내가 나의 마음에 죄악을 품었더라면 주께서 듣지 아니하시리라(63편 18절)
하나님을 찬송하리로다 그가 내 기도를 물리치지 아니하시고 그의 인자하심을 내게서 거두지도 아니하셨도다(63편 20절)
하나님은 우리에게 은혜를 베푸사 복을 주시고 그의 얼굴 빛을 우리에게 비추사...(67편 1~5절)

• 이사야 14장 – 교만한 바벨론을 멸망시키기 위해 임재하심

여호와께서 야곱을 긍휼히 여기시며 이스라엘을 다시 택하여 그들의 땅에 두시리니 나그네 된 자가 야곱 족속과 연합하여 그들에게 예속될 것이며...(1~7절)
아래의 스올이 너로 말미암아 소동하여 네가 오는 것을 영접하되 그것이 세상의 모든 영웅을 너로 말미암아 움직이게 하며 열방의 모든 왕을 그들의 왕좌에서 일어서게 하므로...(9~10절)
너 아침의 아들 계명성이여 어찌 그리 하늘에서 떨어졌으며 너 열국을 엎은 자여 어찌 그리 땅에 찍혔는고...(12~17절)
네가 네 땅을 망하게 하였고 네 백성을 죽였으므로 그들과 함께 안장되지 못하나니 악을 행하는 자들의 후손은 영원히 이름이 불려지지 아니하리로다 할지니라(20절)
만군의 여호와께서 말씀하시되 내가 일어나 그들을 쳐서 이름과 남은 자와 아들과 후손을 바벨론에서 끊으리라 나 여호와의 말이니라(22절)
내가 앗수르를 나의 땅에서 파하며 나의 산에서 그것을 짓밟으리니 그 때에 그의 멍에가 이스라엘에게서 떠나고 그의 짐이 그들의 어깨에서 벗어질 것이라(25절)
블레셋 온 땅이여 너를 치던 막대기가 부러졌다고 기뻐하지 말라 뱀의 뿌리에서는 독사가 나겠고 그의 열매는 날아다니는 불뱀이 되리라(29절)
성문이여 슬피 울지어다 성읍이여 부르짖을지어다 너 블레셋이여 다 소멸되리로다 대저 연기가 북방에서 오는데 그 대열에서 벗어난 자가 없느니라...(31~32절)

• 베드로전서 2장 - 죄인을 구원하고 성도의 본이 되기 위해 임재하심

그러므로 모든 악독과 모든 기만과 외식과 시기와 모든 비방하는 말을 버리고...(1~5절)
그러나 너희는 택하신 족속이요 왕 같은 제사장들이요 거룩한 나라요 그의 소유가 된 백성이니 이는 너희를 어두운 데서 불러 내어 그의 기이한 빛에 들어가게 하신 이의 아름다운 덕을 선포하게 하려 하심이라...(9~12절)
너희는 자유가 있으나 그 자유로 악을 가리는 데 쓰지 말고 오직 하나님의 종과 같이 하라...(16~19절)
이를 위하여 너희가 부르심을 받았으니 그리스도도 너희를 위하여 고난을 받으사 너희에게 본을 끼쳐 그 자취를 따라오게 하려 하셨느니라...(21~24절)

Ⅲ. 묵상을 위한 질문

1. 발람은 하나님의 영이 임하여 예언할 때 자신을 어떻게 표현했나요?(3~4,15~16)

2. 발람이 이스라엘에 대하여 예언한 내용은 무엇이었나요?(5~9,17~19)

3. 시편 기자는 온 땅이 하나님께 무엇을 해야 한다고 선포하고 있나요?(66:1~4,8)

4. 시편 기자는 하나님이 민족과 나라에 대해 어떤 일을 하신다고 믿었나요?(67:2~5)

5. 이사야는 교만한 바벨론의 멸망을 어떻게 묘사했나요?(4~7,9~10,12~17)

6. 여호와 하나님이 앗수르와 블레셋을 멸망시키신 이유가 무엇일까요?(25~26,31~32)

7. 베드로는 믿는 자들에게 무엇을 버리고 무엇을 취하라고 했나요?(1~2,4~5,9)

8. 베드로가 까다로운 자들로부터 부당한 고난을 당하는 성도에게 예수님의 어떤 모습을 소개하고 있나요?(21~24)

IV. 기도

1. 주여, 하나님이 선택한 자를 향해 항상 주님의 심정으로 축복하게 하옵소서.
2. 주여, 구원받고 축복받은 대한민국이 하나님을 찬송하고 노래하게 하옵소서.
3. 주여, 신령한 젖을 먹고 자라나 신령한 집을 짓고 신령한 제사를 드리게 하옵소서.

• 하나님 마음 알아가기 •

• 나에게 주시는 말씀(암송하기) •

• 오늘의 감사(기록하기) •

136 일차 / 365 진노 5월 16일

Ⅰ. 맥체인성경의 통독구조<136>

사복음서를 통해 입체적인 예수님을 보듯 신구약 네 장 통독을 통해 하나님의 역사하심을 입체적으로 보는 구조이다.

Ⅱ. 핵심구절 읽기

성경본문	민수기 25장	시편 68편	이사야 15편	베드로전서 3장
통일주제	**진노** (震怒, 엄위한 존재이신 하나님이 몹시 노함)			
개별주제	모압 여자들과 신들을 가까이한 이스라엘에 대한 하나님의 진노	다윗과 선민을 괴롭히는 원수들과 악인을 향한 하나님의 진노	통곡하며 울부짖는 피난민 모압을 향한 하나님의 진노	노아 때에 복종하지 않던 자처럼 예수 앞에 악행하는 자를 향한 진노
연합내용	**하나님은 사랑이시며 공의이시다. 공의의 하나님은 죄와 악을 싫어하시고 죄악에 대하여 크게 진노하신다. 믿는 자는 주님의 보혈로 정결하게 되었음으로 진노 아래 있지 않고 큰 축복 가운데 살아간다.**			
핵심구절	1~9,11~13 17~18	1~2,5~6,9~10,12 14~17,19~21 24~26,32~35	1~4,7~9	1~4,7,9~13 15~19,21

• 민수기 25장 - 모압 여자들과 신들을 가까이한 이스라엘에 대한 하나님의 진노

이스라엘이 싯딤에 머물러 있더니 그 백성이 모압 여자들과 음행하기를 시작하니라...(1~9절)
제사장 아론의 손자 엘르아살의 아들 비느하스가 내 질투심으로 질투하여 이스라엘 자손 중에서 내 노를 돌이켜서 내 질투심으로 그들을 소멸하지 않게 하였도다...(11~13절)
미디안인들을 대적하여 그들을 치라...(17~18절)

• 시편 68편 - 다윗과 선민을 괴롭히는 원수들과 악인을 향한 하나님의 진노

하나님이 일어나시니 원수들은 흩어지며 주를 미워하는 자들은 주 앞에서 도망하리이다...(1~2절)

그의 거룩한 처소에 계신 하나님은 고아의 아버지시며 과부의 재판장이시라...(5~6절)
하나님이여 주께서 흡족한 비를 보내사 주의 기업이 곤핍할 때에 주께서 그것을 견고하게 하셨고...(9~10절)
여러 군대의 왕들이 도망하고 도망하니 집에 있던 여자들도 탈취물을 나누도다(12절)
전능하신 이가 왕들을 그 중에서 흩으실 때에는 살몬에 눈이 날림 같도다...(14~17절)
날마다 우리 짐을 지시는 주 곧 우리의 구원이신 하나님을 찬송할지로다...(19~21절)
하나님이여 그들이 주께서 행차하심을 보았으니 곧 나의 하나님, 나의 왕이 성소로 행차하시는 것이라...(24~26절)
땅의 왕국들아 하나님께 노래하고 주께 찬송할지어다...(32~35절)

• 이사야 15장 - 통곡하며 울부짖는 피난민 모압을 향한 하나님의 진노

모압에 관한 경고라 하룻밤에 모압 알이 망하여 황폐할 것이며 하룻밤에 모압 기르가 망하여 황폐할 것이라...(1~4절)
그러므로 그들이 얻은 재물과 쌓았던 것을 가지고 버드나무 시내를 건너리니...(7~9절)

• 베드로전서 3장 - 노아 때에 복종하지 않던 자처럼 예수 앞에 악행하는 자를 향한 진노

아내들아 이와 같이 자기 남편에게 순종하라 이는 혹 말씀을 순종하지 않는 자라도 말로 말미암지 않고 그 아내의 행실로 말미암아 구원을 받게 하려 함이니...(1~4절)
남편들아 이와 같이 지식을 따라 너희 아내와 동거하고 그를 더 연약한 그릇이요 또 생명의 은혜를 함께 이어받을 자로 알아 귀히 여기라 이는 너희 기도가 막히지 아니하게 하려 함이라(7절)
악을 악으로, 욕을 욕으로 갚지 말고 도리어 복을 빌라 이를 위하여 너희가 부르심을 받았으니 이는 복을 이어받게 하려 하심이라...(9~13절)
너희 마음에 그리스도를 주로 삼아 거룩하게 하고 너희 속에 있는 소망에 관한 이유를 묻는 자에게는 대답할 것을 항상 준비하되 온유와 두려움으로 하고...(15~19절)
물은 예수 그리스도께서 부활하심으로 말미암아 이제 너희를 구원하는 표니 곧 세례라 이는 육체의 더러운 것을 제하여 버림이 아니요 하나님을 향한 선한 양심의 간구니라(21절)

Ⅲ. 묵상을 위한 질문

1. 여호와 하나님이 가장 진노하시는 죄는 무엇일까요?(1~4,9)

2. 시므온인의 지도자 시므리가 미디안여인 고스비를 데리고 올 때에 여호와의 질투심을 대신 표현하여 이스라엘 자손을 속죄한 사람은 누구일까요?(6~8,11~15)

3. 다윗은 하나님이 원수들과 악인에 대해 어떻게 진노하신다고 했나요?(1~2,14,21)

4. 다윗은 하나님의 은혜를 입은 백성이 무엇을 해야 한다고 했나요?(4,19,26,34)

5. 여호와 하나님은 모압에 대해 어떤 경고를 하셨나요?(1)

6. 여호와 하나님이 모압을 심판하신 후 그의 모습은 어떻게 될까요?(2~3,5~6,8)

7. 베드로는 아내와 남편에게 각각 어떤 교훈을 권면했나요?(1~2,6~7)

8. 초대교회 당시 핍박과 박해로 고난을 많이 당한 베드로는 믿는 형제들에게 어떤 자세를 가지고 살아가야 한다고 말했나요?(9,14~17)

Ⅳ. 기도

1. 주여, 예수 그리스도를 온전히 닮게 하사 세상을 따라가지 않게 하옵소서.
2. 주여, 하나님의 마음을 알아 공동체 안에서 악을 제하고 멀리하게 하옵소서.
3. 주여, 고난 중에 인내하고 선으로 악을 갚아 모든 죄인을 구원하게 하옵소서.

• 하나님 마음 알아가기 •

• 나에게 주시는 말씀(암송하기) •

• 오늘의 감사(기록하기) •

137 일차 / 365 심판 5월 17일

I. 맥체인성경의 통독구조<137>

코끼리 알기 : 한면만을 볼 경우 단면의 한계로 온전히 이해하기 어렵다.

코, 뿔, 다리, 꼬리 알기 : 각각의 특징, 지체를 종합하여 볼 때 온전한 모습을 볼 수 있다. 그러므로 성경의 네 시대를 함께 봄으로써 전체를 보는 구조이다.

II. 핵심구절 읽기

성경본문	민수기 26장	시편 69편	이사야 16장	베드로전서 4장
통일주제	**심판** (審判, 사람이 이 땅에서 행한 일로 하나님에게 잘잘못을 재판받음)			
개별주제	시내광야에서 계수된 자들을 심판하심	다윗의 기도를 들으시고 대적자를 심판하심	우상을 숭배하며 교만한 모압을 심판하심	우리 육체의 고난을 담당한 예수를 대신 심판하심
연합내용	**하나님은 악을 미워하신다. 인간은 늘 악에 유혹을 받고 결국 연약하고 부패하여 죄를 짓는다. 끝까지 회개하지 않는 자는 심판을 받는다.**			
핵심구절	2~5,7~11,14,18,22 25,27~28,33~34,37 41,43,47,50~51 53~55,57~65	1~6,9~12 16~23,28~34	2~4,6~8,10,12 14	1~2,4~10,12~14 16,19

• 민수기 26장 - 시내광야에서 계수된 자들을 심판하심

이스라엘 자손의 온 회중의 총수를 그들의 조상의 가문을 따라 조사하되 이스라엘 중에 이십 세 이상으로 능히 전쟁에 나갈 만한 모든 자를 계수하라 하시니...(2~5절)

이는 르우벤 종족들이라 계수된 자가 사만 삼천칠백삼십 명이었더라...(7~11절)

이는 시므온의 종족들이니 계수된 자가 이만 이천이백 명이었더라(14절)

이는 갓 자손의 종족들이니 계수된 자가 사만 오백 명이었더라(18절)

이는 유다 종족들이니 계수된 자가 칠만 육천오백 명이었더라(22절)

이는 잇사갈 종족들이니 계수된 자가 육만 사천삼백 명이었더라(25절)

이는 스불론 종족들이니 계수된 자가 육만 오백 명이었더라...(27~28절)

헤벨의 아들 슬로브핫은 아들이 없고 딸뿐이라 그 딸의 이름은 말라와 노아와 호글라

와 밀가와 디르사니...(33~34절)
이는 에브라임 자손의 종족들이니 계수된 자가 삼만 이천오백 명이라 이상은 그 종족을 따른 요셉 자손이었더라(37절)
이는 그들의 종족을 따른 베냐민 자손이라 계수된 자가 사만 오천육백 명이었더라(41절)
수함 모든 종족의 계수된 자가 육만 사천사백 명이었더라(43절)
이는 아셀 자손의 종족들이니 계수된 자가 오만 삼천사백 명이었더라(47절)
이는 그들의 종족을 따른 납달리 종족들이니 계수된 자가 사만 오천사백 명이었더라...(50~51절)
이 명수대로 땅을 나눠 주어 기업을 삼게 하라...(53~55절)
레위인으로 계수된 자들의 종족들은 이러하니 게르손에게서 난 게르손 종족과 고핫에게서 난 고핫 종족과 므라리에게서 난 므라리 종족이며...(57~65절)

• 시편 69편 - 다윗의 기도를 들으시고 대적자를 심판하심

하나님이여 나를 구원하소서 물들이 내 영혼에까지 흘러 들어왔나이다...(1~6절)
주의 집을 위하는 열성이 나를 삼키고 주를 비방하는 비방이 내게 미쳤나이다...(9~12절)
여호와여 주의 인자하심이 선하시오니 내게 응답하시며 주의 많은 긍휼에 따라 내게로 돌이키소서...(16~23절)
그들을 생명책에서 지우사 의인들과 함께 기록되지 말게 하소서...(28~34절)

• 이사야 16장 - 우상을 숭배하며 교만한 모압을 심판하심

모압의 딸들은 아르논 나루에서 떠다니는 새 같고 보금자리에서 흩어진 새 새끼 같을 것이라...(2~4절)
우리가 모압의 교만을 들었나니 심히 교만하도다 그가 거만하며 교만하며 분노함도 들었거니와 그의 자랑이 헛되도다...(6~8절)
즐거움과 기쁨이 기름진 밭에서 떠났고 포도원에는 노래와 즐거운 소리가 없어지겠고 틀에는 포도를 밟을 사람이 없으리니 이는 내가 즐거운 소리를 그치게 하였음이라(10절)
모압이 그 산당에서 피곤하도록 봉사하며 자기 성소에 나아가서 기도할지라도 소용없으리로다(12절)

이제 여호와께서 말씀하여 이르시되 품꾼의 정한 해와 같이 삼 년 내에 모압의 영화와 그 큰 무리가 능욕을 당할지라 그 남은 수가 심히 적어 보잘것없이 되리라 하시도다(14절)

• 베드로전서 4장 - 우리 육체의 고난을 담당한 예수를 대신 심판하심

그리스도께서 이미 육체의 고난을 받으셨으니 너희도 같은 마음으로 갑옷을 삼으라 이는 육체의 고난을 받은 자는 죄를 그쳤음이니...(1~2절)

이러므로 너희가 그들과 함께 그런 극한 방탕에 달음질하지 아니하는 것을 그들이 이상히 여겨 비방하나...(4~10절)

사랑하는 자들아 너희를 연단하려고 오는 불 시험을 이상한 일 당하는 것 같이 이상히 여기지 말고...(12~14절)

만일 그리스도인으로 고난을 받으면 부끄러워하지 말고 도리어 그 이름으로 하나님께 영광을 돌리라(16절)

그러므로 하나님의 뜻대로 고난을 받는 자들은 또한 선을 행하는 가운데에 그 영혼을 미쁘신 창조주께 의탁할지어다(19절)

Ⅲ. 묵상을 위한 질문

1. 염병 후에 여호와께서 모세와 엘르아살에게 20세 이상을 계수하게 하셨을 때에 그 총 수는 몇 명이었으며 그들에게 약속의 땅을 어떻게 나누라고 하셨나요?(1~2,51,54~56)

2. 시내광야에서 계수한 자와 모압평지에서 계수한 자의 수는 몇 명이며 시내광야에서 계수한 자가 약속에 땅에 들어가지 못한 이유는 무엇일까요?(63~65)

3. 다윗은 자신의 심한 고통을 하나님께 어떻게 아뢰었나요?(1~4,7,10~12,19~21)

4. 다윗은 심한 고통에서 나오기 위해 어떤 기도를 드렸나요?(6,13~14,16~18,29)

5. 이사야는 모압이 통곡하고 근심하게 된 이유는 무엇 때문이라고 했나요?(6~7)

6. 이사야는 모압이 멸절 될 때 어떤 상황이 벌어진다고 했나요?(2,8,10,12,14)

7. 육체의 고난을 받으신 예수로 말미암아 새 삶을 살게 된 그리스도인은 어떤 철학과 모습으로 행동해야 할까요?(1~2,7~10)

8. 베드로는 고난을 대하는 그리스도인의 자세가 어떠해야 한다고 했나요?(12~14,16,19)

Ⅳ. 기도

1. 주여, 선택받은 자로서 끝까지 구원에 이르도록 주 뜻 안에 살게 하옵소서.
2. 주여, 모든 영혼을 긍휼히 여기고 선대함으로 인정받는 자가 되게 하옵소서.
3. 주여, 주 안에서 받는 세상의 고난을 잘 감당함으로 면류관을 받게 하옵소서.

• 하나님 마음 알아가기 •

• 나에게 주시는 말씀(암송하기) •

• 오늘의 감사(기록하기) •

138 일차 / 365 퇴진 5월 18일

Ⅰ. 맥체인성경의 통독구조<138>

구약과 신약이 짝을 이루어 흥미롭고 풍성하게 읽을 수 있는 구조다.

구약과 신약이 대조를 이루어 의미의 다채로움을 경험하며 읽을 수 있는 구조다.

Ⅱ. 핵심구절 읽기

성경본문	민수기 27장	시편 70~71편	이사야 17~18장	베드로전서 5장
통일주제	**퇴진** (退陣, 관여하던 어떤 일이나 지위, 직책에서 손을 떼고 물러남)			
개별주제	약속의 땅을 바라보며 조상에게로 돌아가는 모세의 퇴진	다윗을 모해하고 상하게 하는 악하고 불의한 자들의 퇴진	하나님을 잊어버린 다메섹과 열방과 구스의 퇴진	신실한 형제들을 우는 사자같이 대적하는 마귀의 퇴진
연합내용	**하나님은 세상의 역사 가운데서 사람에게 일을 맡기신다. 그러나 그 일을 온전히 감당하지 못할 때 결국 모든 영역에서 끝나게 하신다. 개인이든 공동체이든 국가이든 퇴진시키시고 새로운 인물을 세우신다.**			
핵심구절	1~8,12~20,22	70:1~3 71:1~5,9~14,18 20~21,24	17:1~3,6~10 13~14,18:1,4~7	2~10

• 민수기 27장 - 약속의 땅을 바라보며 조상에게로 돌아가는 모세의 퇴진

요셉의 아들 므낫세 종족들에게 므낫세의 현손 마길의 증손 길르앗의 손자 헤벨의 아들 슬로브핫의 딸들이 찾아왔으니 그의 딸들의 이름은 말라와 노아와 호글라와 밀가와 디르사라...(1~8절)

여호와께서 모세에게 이르시되 너는 이 아바림 산에 올라가서 내가 이스라엘 자손에게 준 땅을 바라보라...(12~20절)

그에게 안수하여 위탁하되 여호와께서 모세에게 명령하신 대로 하였더라(22절)

• 시편 70~71편 - 다윗을 모해하고 상하게 하는 악하고 불의한 자들의 퇴진

하나님이여 나를 건지소서 여호와여 속히 나를 도우소서...(70편 1~3절)

여호와여 내가 주께 피하오니 내가 영원히 수치를 당하게 하지 마소서...(71편 1~5절)
늙을 때에 나를 버리지 마시며 내 힘이 쇠약할 때에 나를 떠나지 마소서...(71편 9~14절)
하나님이여 내가 늙어 백발이 될 때에도 나를 버리지 마시며 내가 주의 힘을 후대에 전하고 주의 능력을 장래의 모든 사람에게 전하기까지 나를 버리지 마소서(71편 18절)
우리에게 여러 가지 심한 고난을 보이신 주께서 우리를 다시 살리시며 땅 깊은 곳에서 다시 이끌어 올리시리이다...(시편 71편 20~21절)
나의 혀도 종일토록 주의 의를 작은 소리로 읊조리오리니 나를 모해하려 하던 자들이 수치와 무안을 당함이니이다(71편 24절)

• 이사야 17~18절 - 하나님을 잊어버린 다메섹과 열방과 구스의 퇴진

다메섹에 관한 경고라 보라 다메섹이 장차 성읍을 이루지 못하고 무너진 무더기가 될 것이라...(17장 1~3절)
그러나 그 안에 주울 것이 남으리니 감람나무를 흔들 때에 가장 높은 가지 꼭대기에 과일 두세 개가 남음 같겠고 무성한 나무의 가장 먼 가지에 네다섯 개가 남음 같으리라 이스라엘의 하나님 여호와의 말씀이니라...(17장 6~10절)
열방이 충돌하기를 많은 물이 몰려옴과 같이 하나 주께서 그들을 꾸짖으시리니 그들이 멀리 도망함이 산에서 겨가 바람 앞에 흩어짐 같겠고 폭풍 앞에 떠도는 티끌 같을 것이라...(17장 13~14절)
슬프다 구스의 강 건너편 날개 치는 소리 나는 땅이여(18장 1절)
여호와께서 내게 이르시되 내가 나의 처소에서 조용히 감찰함이 쬐이는 일광 같고 가을 더위에 운무 같도다...(18장 4~7절)

• 베드로전서 5장 - 신실한 형제들을 우는 사자같이 대적하는 마귀의 퇴진

너희 중에 있는 하나님의 양 무리를 치되 억지로 하지 말고 하나님의 뜻을 따라 자원함으로 하며 더러운 이득을 위하여 하지 말고 기꺼이 하며...(2~10절)

Ⅲ. 묵상을 위한 질문

1. 므낫세 지파의 슬로브핫의 딸들이 모세와 제사장 엘르아살과 지휘관들과 모든 회중 앞에서 어떤 문제를 언급했나요?(1~4)

2. 모세가 임종의 통보를 받고 난 후 여호와께 간청한 내용은 무엇이었나요?(16~20)

3. 다윗은 자신을 상하게 하는 악한 자들이 어떻게 되길 기도했나요?(70:2~3)

4. 다윗은 자신을 모해하는 자들로부터 구원하실 하나님을 향해 어떤 고백과 약속을 했나요?(71:5~8,13~16,19,22~24)

5. 이사야는 다메섹과 열방이 멸망하게 된 이유를 무엇이라고 했나요?(17:10,14)

6. 이사야는 구스의 미래가 어떻게 될 것이라고 예언했나요?(18:4~7)

7. 베드로는 교회의 지도자인 장로들에게 어떤 권면을 했나요?(1~3)

8. 베드로는 젊은 자들에게 어떤 세 가지의 행동양식을 부탁했나요?(5~9)

Ⅳ. 기도

1. 주여, 우리의 마지막 날을 계수하는 지혜와 끝을 잘 종결하는 충성을 주옵소서.
2. 주여, 우리가 구원의 하나님을 향하여 항상 고백하고 서원하는 마음을 주옵소서.
3. 주여, 목자나 성도가 모두 겸손하게 하셔서 주님께만 영광을 돌리게 하옵소서.

• 하나님 마음 알아가기 •

• 나에게 주시는 말씀(암송하기) •

• 오늘의 감사(기록하기) •

139 일차 / 365 시기 5월 19일

Ⅰ. 맥체인성경의 통독구조<139>

전혀 다른 역사 속에서 믿는 자에게 발생했던 많은 문제들을 현재라는 시점에서 종합하여 묵상하고 현재의 문제를 창조적으로 해결해 가도록 돕는 구조이다.

Ⅱ. 핵심구절 읽기

성경본문	민수기 28장	시편 72편	이사야 19~20장	베드로후서 1장
통일주제	**시기** (時期, 일정한 때)			
개별주제	매일 안식일 초하루 유월절 칠칠절의 제사의 시기	다윗이 실천한 기도의 시작과 기도의 마침의 시기	애굽이 심판받을 때와 여호와께 경배를 드릴 시기	부르심과 택하심을 권고한 베드로의 임종의 시기
연합내용	**하나님은 시간을 창조하셨다. 카이로스와 크로노스이다. 사람은 하나님이 일반적인 시간 속에 개입하셔서 역사하실 때 깨달아 반응함으로서 그 시기에 의미와 열매를 맺게 된다. 개인적이든 공동체적이든 자유의지로 동참할 때 하나님의 구원의 시기에 동역자가 되는 것이다.**			
핵심구절	2~4,8~11,15~18 24~26,31	1~2,4,9~15	19:1~4,12~15 18~21,24~25 20:1~4,6	3~7,10~11 13~17,20~21

• 민수기 28장 - 매일 안식일 초하루 유월절 칠칠절의 제사의 시기

이스라엘 자손에게 명령하여 그들에게 이르라 내 헌물, 내 음식인 화제물 내 향기로운 것은 너희가 그 정한 시기에 삼가 내게 바칠지니라...(2~4절)

해 질 때에는 두 번째 어린 양을 드리되 아침에 드린 소제와 전제와 같이 여호와께 향기로운 화제로 드릴 것이니라...(8~11절)

또 상번제와 그 전제 외에 숫염소 한 마리를 속죄제로 여호와께 드릴 것이니라...(15~18절)

너희는 이 순서대로 이레 동안 매일 여호와께 향기로운 화제의 음식을 드리되 상번제와 그 전제 외에 드릴 것이며...(24~26절)

너희는 다 흠 없는 것으로 상번제와 그 소제와 전제 외에 그것들을 드릴 것이니라(31절)

• 시편 72편 - 다윗이 실천한 기도의 시작과 기도의 마침의 시기

하나님이여 주의 판단력을 왕에게 주시고 주의 공의를 왕의 아들에게 주소서...(1~2절)
그가 가난한 백성의 억울함을 풀어 주며 궁핍한 자의 자손을 구원하며 압박하는 자를 꺾으리로다(4절)
광야에 사는 자는 그 앞에 굽히며 그의 원수들은 티끌을 핥을 것이며...(9~15절)

• 이사야 19~20장 - 애굽이 심판받을 때와 여호와께 경배를 드릴 시기

애굽에 관한 경고라 보라 여호와께서 빠른 구름을 타고 애굽에 임하시리니 애굽의 우상들이 그 앞에서 떨겠고 애굽인의 마음이 그 속에서 녹으리로다...(19장 1~4절)
너의 지혜로운 자가 어디 있느냐 그들이 만군의 여호와께서 애굽에 대하여 정하신 뜻을 알 것이요 곧 네게 말할 것이니라...(19장 12~15절)
그 날에 애굽 땅에 가나안 방언을 말하며 만군의 여호와를 가리켜 맹세하는 다섯 성읍이 있을 것이며 그 중 하나를 멸망의 성읍이라 칭하리라...(19장 18~21절)
그 날에 이스라엘이 애굽 및 앗수르와 더불어 셋이 세계 중에 복이 되리니...(19장 24~25절)
앗수르의 사르곤 왕이 다르단을 아스돗으로 보내매 그가 와서 아스돗을 쳐서 취하던 해니라...(20장 1~4절)
그 날에 이 해변 주민이 말하기를 우리가 믿던 나라 곧 우리가 앗수르 왕에게서 벗어나기를 바라고 달려가서 도움을 구하던 나라가 이같이 되었은즉 우리가 어찌 능히 피하리요 하리라(20장 6절)

• 베드로후서 1장 - 부르심과 택하심을 권고한 베드로의 임종의 시기

그의 신기한 능력으로 생명과 경건에 속한 모든 것을 우리에게 주셨으니 이는 자기의 영광과 덕으로써 우리를 부르신 이를 앎으로 말미암음이라...(3~7절)
그러므로 형제들아 더욱 힘써 너희 부르심과 택하심을 굳게 하라 너희가 이것을 행한즉 언제든지 실족하지 아니하리라...(10~11절)
내가 이 장막에 있을 동안에 너희를 일깨워 생각나게 함이 옳은 줄로 여기노니...

(13~17절)

먼저 알 것은 성경의 모든 예언은 사사로이 풀 것이 아니니...(20~21절)

Ⅲ. 묵상을 위한 질문

1. 여호와께서 이스라엘 자손에게 명령하신 절기는 언제일까요?(3,9,11,16~17,26)

2. 여러 절기에 드려지는 예물의 특징은 무엇일까요?(3,9,11~14,16~17,26~30)

3. 솔로몬의 시인 다윗의 기도 안에는 왕이 무엇에 힘써야 함을 언급하고 있나요?(2,4,9,12~14)

4. 솔로몬의 시인 다윗의 기도 안에는 왕의 모든 주권이 어디로부터 옴을 보여 주고 있나요?(1,18~20)

5. 여호와께서 애굽을 심판하시는 이유는 무엇일까요?(19:1~4)

6. 여호와는 애굽과 구스의 멸망에 대한 징조와 예표를 보여주기 위하여 이사야에게 어떤 모습을 하고 다니라고 하셨나요?(20:2~4)

7. 베드로는 신성한 성품에 참여하는 자가 어떤 단계로 성숙할 것을 말했나요?(4~7)

8. 베드로는 자신의 임종이 임박함을 알고 믿는 자에게 어떤 권면을 했나요?(10~16)

Ⅳ. 기도

1. 주여, 주님과 가까워지기 위해 제정해 주신 절기를 온전히 지키게 하옵소서.
2. 주여, 주께서 주신 모든 재능과 특권을 바르게 사용하도록 인도해 주옵소서.
3. 주여, 신성한 성품을 훈련하여 주님 강림하실 때에 참 신부가 되게 하옵소서.

• 하나님 마음 알아가기 •

• 나에게 주시는 말씀(암송하기) •

• 오늘의 감사(기록하기) •

140 일차 / 365 합리 5월 20일

I. 맥체인성경의 통독구조<140>

편하게 읽을 것인가, 유익하게 읽을 것인가? 편하게 읽는다는 것은 생각을 단순화 시키는 것과 같다. 반면 유익하게 읽으려면 사고를 동원해야 한다.

II. 핵심구절 읽기

성경본문	민수기 29장	시편 73편	이사야 21장	베드로후서 2장
통일주제	**합리** (合理, 어떤 주장이나 행동, 결과 따위가 사리나 실상에 맞음)			
개별주제	제사장의 성결과정과 제물의 양의 합리성	악한 자의 범죄와 그를 향한 심판의 합리성	바벨론 두마 아라비아의 삶과 멸망의 합리성	거짓 선지자와 의로운 자의 심판의 합리성
연합내용	**세상의 대부분의 이치는 합리성을 갖고 있다. 원인이 있으면 결과가 있다. 심은 대로 거두고 행한대로 갚음을 받는다. 그러므로 모든 일을 할 때에는 철저한 준비과정이 있어야 하고 그 결과에 대해서는 합리적인 평가와 심판을 받게 됨을 알아야 한다.**			
핵심구절	1,7,12~17,20 23,26,29,32 35~36,39	1~14,17,19~23 25~26,28	1~4,7~9,12 14~17	1~4,8~11,14 17~18,20~21

• 민수기 29장 - 제사장의 성결과정과 제물의 양의 합리성

일곱째 달에 이르러는 그 달 초하루에 성회로 모이고 아무 노동도 하지 말라 이는 너희가 나팔을 불 날이니라(1절)

일곱째 달 열흘 날에는 너희가 성회로 모일 것이요 너희의 심령을 괴롭게 하며 아무 일도 하지 말 것이니라(7절)

일곱째 달 열다섯째 날에는 너희가 성회로 모일 것이요 아무 일도 하지 말 것이며 이레 동안 여호와 앞에 절기를 지킬 것이라...(12~17절)

셋째 날에는 수송아지 열한 마리와 숫양 두 마리와 일 년 되고 흠 없는 숫양 열네 마리를 드릴 것이며(20절)

넷째 날에는 수송아지 열 마리와 숫양 두 마리와 일 년 되고 흠 없는 숫양 열네 마리를 드릴 것이며(23절)

다섯째 날에는 수송아지 아홉 마리와 숫양 두 마리와 일 년 되고 흠 없는 숫양 열네 마리를 드릴 것이며(26절)
여섯째 날에는 수송아지 여덟 마리와 숫양 두 마리와 일 년 되고 흠 없는 숫양 열네 마리를 드릴 것이며(29절)
일곱째 날에는 수송아지 일곱 마리와 숫양 두 마리와 일 년 되고 흠 없는 숫양 열네 마리를 드릴 것이며(32절)
여덟째 날에는 장엄한 대회로 모일 것이요 아무 일도 하지 말 것이며...(35~36절)
너희가 이 절기를 당하거든 여호와께 이같이 드릴지니 이는 너희의 서원제나 낙헌제로 드리는 번제, 소제, 전제, 화목제 외에 드릴 것이니라(39절)

• 시편 73편 - 악한 자의 범죄와 그를 향한 심판의 합리성

하나님이 참으로 이스라엘 중 마음이 정결한 자에게 선을 행하시나...(1~14절)
하나님의 성소에 들어갈 때에야 그들의 종말을 내가 깨달았나이다(17절)
그들이 어찌하여 그리 갑자기 황폐되었는가 놀랄 정도로 그들은 전멸하였나이다...(19~23절)
하늘에서는 주 외에 누가 내게 있으리요 땅에서는 주 밖에 내가 사모할 이 없나이다...(25~26절)
하나님께 가까이 함이 내게 복이라 내가 주 여호와를 나의 피난처로 삼아 주의 모든 행적을 전파하리이다(28절)

• 이사야 21장 - 바벨론 두마 아라비아의 삶과 멸망의 합리성

해변 광야에 관한 경고라 적병이 광야에서, 두려운 땅에서 네겝 회오리바람 같이 몰려왔도다...(1~4절)
마병대가 쌍쌍이 오는 것과 나귀 떼와 낙타 떼를 보거든 귀 기울여 자세히 들으라 하셨더니...(7~9절)
파수꾼이 이르되 아침이 오나니 밤도 오리라 네가 물으려거든 물으라 너희는 돌아올지니라 하더라(12절)
데마 땅의 주민들아 물을 가져다가 목마른 자에게 주고 떡을 가지고 도피하는 자를 영

접하라...(14~17절)

• 베드로후서 2장 - 거짓 선지자와 의로운 자의 심판의 합리성

그러나 백성 가운데 또한 거짓 선지자들이 일어났었나니 이와 같이 너희 중에도 거짓 선생들이 있으리라 그들은 멸망하게 할 이단을 가만히 끌어들여 자기들을 사신 주를 부인하고 임박한 멸망을 스스로 취하는 자들이라...(1~4절)

이는 이 의인이 그들 중에 거하여 날마다 저 불법한 행실을 보고 들음으로 그 의로운 심령이 상함이라...(8~11절)

음심이 가득한 눈을 가지고 범죄하기를 그치지 아니하고 굳세지 못한 영혼들을 유혹하며 탐욕에 연단된 마음을 가진 자들이니 저주의 자식이라(14절)

이 사람들은 물 없는 샘이요 광풍에 밀려 가는 안개니 그들을 위하여 캄캄한 어둠이 예비되어 있나니...(17~18절)

만일 그들이 우리 주 되신 구주 예수 그리스도를 앎으로 세상의 더러움을 피한 후에 다시 그 중에 얽매이고 지면 그 나중 형편이 처음보다 더 심하리니...(20~21절)

Ⅲ. 묵상을 위한 질문

1. 여호와께서 모세를 통해 많은 절기를 이스라엘 자손에게 주시고 그 절기를 지키도록 명령하신 이유는 무엇일까요?(1,7,12)

2. 장막절이 이레 동안 진행될 때에 수송아지 제물이 한 마리씩 줄어드는 이유는 무슨 의미가 있을까요?(12~13,17,20,23,26,29,32)

3. 아삽의 신앙과 삶은 어떠했나요?(1~3,13~14,16~17,21~26,28)

4. 아삽의 처음 불만과 나중 깨달음은 무엇일까요?(4~12,18~20)

5. 바벨론이 멸망하게 되는 가장 큰 원인은 무엇일까요?(9)

6. 아라비아의 멸망의 모습은 어느 정도일까요?(15~17)

7. 교회 안의 거짓 선생들은 어떤 잘못을 행하는 특징이 있나요?(2~3,14,18)

8. 하나님은 의로운 자와 거짓된 자를 각각 어떻게 대하시나요?(7~13,20)

IV. 기도

1. 주여, 여호와 절기의 현대적 의미를 파악하고 충성된 마음으로 지키게 하옵소서.
2. 주여, 아삽의 신앙을 묵상하고 좋은 점을 본받아 항상 실천하게 하옵소서.
3. 주여, 교회 안에 거짓 선생과 거짓 성도가 없게 하시고 늘 정결케 하옵소서.

• 하나님 마음 알아가기 •

• 나에게 주시는 말씀(암송하기) •

• 오늘의 감사(기록하기) •

141 일차 / 365 작심 5월 21일

Ⅰ. 맥체인성경의 통독구조<141>

익숙하게 읽을 것인가, 새롭게 읽을 것인가?

습관적으로, 전통적으로 읽으면 익숙하게 읽을 수는 있다. 하지만 새롭게 읽으려면 지도와 도움이 필요하다. 맥체인성경 통독은 약간의 훈련이 필요한 구조다.

Ⅱ. 핵심구절 읽기

성경본문	민수기 30장	시편 74편	이사야 22장	베드로후서 3장
통일주제	**작심** (作心, 마음을 단단히 먹음)			
개별주제	하나님께 보여 드리기 위해 자신의 뜻을 작심	대적의 악에 대해 멸망을 기도한 아삽의 작심	타락하고 회개하지 않는 유다의 세속적 작심	말세를 살아가는 성도들의 생활에 대한 작심
연합내용	**하나님의 모든 사역은 완전한 작심이시다. 창조로부터 구원과 심판에 이르는 모든 역사는 다 주님의 뜻 안에 있는 작정인 것이다. 하나님의 형상을 따라 지음받은 사람도 자유의지에 따라 뜻을 정하고 작심하여 그 일을 진행할 수 있다. 하지만 그 모든 책임은 사람에게 있다.**			
핵심구절	2~5,8~9,13,15	2~10,18~19 21~22	1~5,11~14	2~5,7~14,16~17

• 민수기 30장 - 하나님께 보여 드리기 위해 자신의 뜻을 작심

사람이 여호와께 서원하였거나 결심하고 서약하였으면 깨뜨리지 말고 그가 입으로 말한 대로 다 이행할 것이니라...(2~5절)

그러나 그의 남편이 그것을 듣는 날에 허락하지 아니하면 그 서원과 결심하려고 경솔하게 입술로 말한 서약은 무효가 될 것이니 여호와께서 그 여자를 사하시리라...(8~9절)

모든 서원과 마음을 자제하기로 한 모든 서약은 그의 남편이 그것을 지키게도 할 수 있고 무효하게도 할 수 있으니(13절)

그러나 그의 남편이 들은 지 얼마 후에 그것을 무효하게 하면 그가 아내의 죄를 담당할 것이니라(15절)

• 시편 74편 - 대적의 악에 대해 멸망을 기도한 아삽의 작심

옛적부터 얻으시고 속량하사 주의 기업의 지파로 삼으신 주의 회중을 기억하시며 주께서 계시던 시온 산도 생각하소서...(2~10절)
여호와여 이것을 기억하소서 원수가 주를 비방하며 우매한 백성이 주의 이름을 능욕하였나이다...(18~19절)
학대 받은 자가 부끄러이 돌아가게 하지 마시고 가난한 자와 궁핍한 자가 주의 이름을 찬송하게 하소서...(21~22절)

• 이사야 22장 - 타락하고 회개하지 않는 유다의 세속적 작심

환상의 골짜기에 관한 경고라 네가 지붕에 올라감은 어찌함인고...(1~5절)
너희가 또 옛 못의 물을 위하여 두 성벽 사이에 저수지를 만들었느니라 그러나 너희가 이를 행하신 이를 앙망하지 아니하였고 이 일을 옛적부터 경영하신 이를 공경하지 아니하였느니라...(11~14절)

• 베드로후서 3장 - 말세를 살아가는 성도들의 생활에 대한 작심

곧 거룩한 선지자들이 예언한 말씀과 주 되신 구주께서 너희의 사도들로 말미암아 명하신 것을 기억하게 하려 하노라...(2~5절)
이제 하늘과 땅은 그 동일한 말씀으로 불사르기 위하여 보호하신 바 되어 경건하지 아니한 사람들의 심판과 멸망의 날까지 보존하여 두신 것이니라...(7~14절)
또 그 모든 편지에도 이런 일에 관하여 말하였으되 그 중에 알기 어려운 것이 더러 있으니 무식한 자들과 굳세지 못한 자들이 다른 성경과 같이 그것도 억지로 풀다가 스스로 멸망에 이르느니라...(16~17절)

Ⅲ. 묵상을 위한 질문

1. 여호와는 여자의 서원에 대하여 어떤 기준을 가지고 계셨나요?(5,8~9,12,15)

2. 이스라엘 자손이 여호와께 서원이나 서약을 하려고 한 이유는 무엇일까요?(2,14)

3. 아삽이 하나님께 간절히 간구한 내용은 무엇이었나요?(2~3,9,19,21~22)

4. 아삽은 대적들의 불경건한 행태를 어떻게 표현했나요?(4~8,10,18)

5. 여호와는 이사야를 통해 유다의 멸망의 원인이 무엇이라고 하셨나요?(11~14)

6. 국고를 맡고 왕궁 맡은 자 셉나의 사역이 엘리아김에게로 넘어간 이유는 무엇일까요?(15~22)

7. 베드로는 주께서 재림하실 때 어떤 현상이 있을 것이라고 했나요?(3~4,7,10)

8. 베드로는 말세를 살아가는 성도가 어떻게 행동해야 된다고 했나요?(11~14)

Ⅳ. 기도

1. 주여, 연약한 우리가 확고한 신앙을 훈련하여 주께 작정하고 헌신하게 하옵소서.
2. 주여, 참된 신앙 안에서 대적하는 자들을 향하여 담대히 기도하게 하옵소서.
3. 주여, 말세를 살아가는 자로서 거룩한 행실과 경건함으로 구원을 이루게 하옵소서.

• 하나님 마음 알아가기 •

• 나에게 주시는 말씀(암송하기) •

• 오늘의 감사(기록하기) •

142 일차 / 365 사귐 5월 22일

Ⅰ. 맥체인성경의 통독구조<142>

영혼의 양식 먹기 : 하나님의 말씀을 먹는 방법은 매우 다양하다.

듣기, 읽기, 공부하기, 암송하기, 묵상하기, 적용하기 등이다.

Ⅱ. 핵심구절 읽기

성경본문	민수기 31장	시편 75~76편	이사야 23장	요한일서 1장
통일주제	**사귐** (서로 얼굴을 익히고 가깝게 지냄)			
개별주제	승리 후 깨끗케 함과 헌금으로 여호와와 사귐	살렘과 시온에서 예물로 재판장이신 하나님과 사귐	두로와 시돈이 멸망 후 주가 돌보심으로 다시 사귐	빛 가운데서 듣고 보고 만진바 된 예수와 사귐
연합내용	**하나님의 창조의 목적은 영광과 사귐이다. 하나님과 사람이 사귀고, 사람이 사람과 사귀며, 사람이 자연과 사귀고 더나아가 사람은 자신과도 사귄다. 그 모든 사귐에는 대상에 따라 도구와 표현양식이 따른다.**			
핵심구절	2~6,12,14~18 21~24,26~30 48~50,54	75:1~2,4~5,7,10 76:1~4,6~9,11	1~2,4,7~10,12 14~15,17~18	1~3,5~7,9~10

• 민수기 31장 - 승리 후 깨끗케 함과 헌금으로 여호와와 사귐

이스라엘 자손의 원수를 미디안에게 갚으라 그 후에 네가 네 조상에게로 돌아가리라...(2~6절)

그들이 사로잡은 자와 노략한 것과 탈취한 것을 가지고 여리고 맞은편 요단 강 가 모압 평지의 진영에 이르러 모세와 제사장 엘르아살과 이스라엘 자손의 회중에게로 나아오니라(12절)

모세가 군대의 지휘관 곧 싸움에서 돌아온 천부장들과 백부장들에게 노하니라...(14~18절)

제사장 엘르아살이 싸움에 나갔던 군인들에게 이르되 이는 여호와께서 모세에게 명령하신 율법이니라...(21~24절)

너는 제사장 엘르아살과 회중의 수령들과 더불어 이 사로잡은 사람들과 짐승들을 계수하고...(26~30절)

군대의 지휘관들 곧 천부장과 백부장들이 모세에게 나아와서...(48~50절)
모세와 제사장 엘르아살이 천부장과 백부장들에게서 금을 취하여 회막에 드려 여호와 앞에서 이스라엘 자손의 기념을 삼았더라(54절)

• 시편 75~76편 - 살렘과 시온에서 예물로 재판장이신 하나님과 사귐

하나님이여 우리가 주께 감사하고 감사함은 주의 이름이 가까움이라 사람들이 주의 기이한 일들을 전파하나이다...(75편 1~2절)
내가 오만한 자들에게 오만하게 행하지 말라 하며 악인들에게 뿔을 들지 말라 하였노니...(75편 4~5절)
오직 재판장이신 하나님이 이를 낮추시고 저를 높이시느니라(75편 7절)
또 악인들의 뿔을 다 베고 의인의 뿔은 높이 들리로다(75편 10절)
하나님은 유다에 알려지셨으며 그의 이름이 이스라엘에 크시도다...(76편 1~4절)
야곱의 하나님이여 주께서 꾸짖으시매 병거와 말이 다 깊이 잠들었나이다...(71편 6~9절)
너희는 여호와 너희 하나님께 서원하고 갚으라 사방에 있는 모든 사람도 마땅히 경외할 이에게 예물을 드릴지로다(71편 11절)

• 이사야 23장 - 두로와 시돈이 멸망 후 주가 돌보심으로 다시 사귐

두로에 관한 경고라 다시스의 배들아 너희는 슬피 부르짖을지어다 두로가 황무하여 집이 없고 들어갈 곳도 없음이요 이 소식이 깃딤 땅에서부터 그들에게 전파되었음이라...(1~2절)
시돈이여 너는 부끄러워할지어다 대저 바다 곧 바다의 요새가 말하기를 나는 산고를 겪지 못하였으며 출산하지 못하였으며 청년들을 양육하지도 못하였으며 처녀들을 생육하지도 못하였다 하였음이라(4절)
이것이 옛날에 건설된 너희 희락의 성 곧 그 백성이 자기 발로 먼 지방까지 가서 머물던 성읍이냐...(7~10절)
이르시되 너 학대 받은 처녀 딸 시돈아 네게 다시는 희락이 없으리니 일어나 깃딤으로 건너가라 거기에서도 네가 평안을 얻지 못하리라 하셨느니라(12절)
다시스의 배들아 너희는 슬피 부르짖으라 너희의 견고한 성이 파괴되었느니라...(14~15절)
칠십 년이 찬 후에 여호와께서 두로를 돌보시리니 그가 다시 값을 받고 지면에 있는 열방과 음란을 행할 것이며...(17~18절)

• **요한일서 1장 - 빛 가운데서 듣고 보고 만진바 된 예수와 사귐**

태초부터 있는 생명의 말씀에 관하여는 우리가 들은 바요 눈으로 본 바요 자세히 보고 우리의 손으로 만진 바라...(1~3절)
우리가 그에게서 듣고 너희에게 전하는 소식은 이것이니 곧 하나님은 빛이시라 그에게는 어둠이 조금도 없으시다는 것이니라...(5~7절)
만일 우리가 우리 죄를 자백하면 그는 미쁘시고 의로우사 우리 죄를 사하시며 우리를 모든 불의에서 깨끗하게 하실 것이요...(9~10절)

Ⅲ. 묵상을 위한 질문

1. 모세는 죽기 전에 여호와께서 자신에게 주신 마지막 사명인 미디안전쟁을 승리한 후 이스라엘 자손에게 엄중히 명령한 일은 무엇일까요?(19~24)

2. 미디안전쟁에서 승리한 군대의 지휘관인 천부장과 백부장들은 여호와께 어떤 목적으로 헌금을 드렸나요?(48~50,54)

3. 아삽은 낮추시고 높이시는 분이 오직 누구이시라고 했나요?(75:2,4~5,7,10)

4. 아삽은 살렘과 시온에 계신 하나님께 무엇을 가지고 나가 경외하라고 했나요?(76:1~2,11)

5. 이사야는 두로와 시돈이 멸망하는 이유를 무엇이라고 말했나요?(1,4,7~9,12,14)

6. 이사야는 여호와께서 언제 두로와 시돈을 다시 돌보신다고 말했나요?(15~18)

7. 요한은 자신이 경험한 예수를 어떻게 설명했나요?(1~2,5)

8. 예수 그리스도를 믿는 자가 자신의 죄를 고백하고 또 하나님과 사귐이 있다면 어떤 은혜가 있을까요?(6~9)

Ⅳ. 기도

1. 주여, 생명을 다하기까지 주님께서 주신 사명을 온전히 감당하게 하옵소서.
2. 주여, 주 안에서 살 때 억울한 일을 만나면 재판장이신 주를 의지하게 하옵소서.
3. 주여, 날마다 자신을 돌아보고 죄를 고백하며 주와 교제하는 자가 되게 하옵소서.

• 하나님 마음 알아가기 •

• 나에게 주시는 말씀(암송하기) •

• 오늘의 감사(기록하기) •

143 일차 / 365 기업 5월 23일

Ⅰ. 맥체인성경의 통독구조<143>

단품, 코스, 퓨전, 뷔페 등 다양하게 음식먹기 : 어떤 음식을 어떻게 먹느냐에 따라 그 맛이 다르다. 맥체인성경 통독은 다양한 맛을 느끼게 하는 구조이다.

Ⅱ. 핵심구절 읽기

성경본문	민수기 32장	시편 77편	이사야 24장	요한일서 2장
통일주제	**기업** (基業, 기반이 되는 사업 또는 대대로 계승되는 사업과 재산)			
개별주제	요단 동편은 르우벤과 갓과 므낫세 반 지파의 기업이 됨	하나님은 믿고 따르는 모든 자에게 친히 영원한 기업이 되심	율법을 범하고 언약을 깨뜨림으로 땅은 무너진 기업이 됨	의로우신 대언자 예수 그리스도는 믿는 자에게 기업이 되심
연합내용	**유리하는 유목민이었던 이스라엘 선민에게는 땅이 없었다. 하나님은 인류구원의 계획을 실현하시기 위해 이스라엘 선민에게 약속의 땅을 허락하셨고 그 땅을 각 지파에게 기업으로 나눠 주셨다. 하지만 레위인에게는 땅 대신 자기 자신을 그들에게 기업으로 주셨다.**			
핵심구절	1~9,12,14~19 22~23,25,29~30 32~33	1~3,6~9,11~14 20	1~6,10~13 15~16,21~23	1~2,4~5,9~11 15~18,20~23,25 27~28

• **민수기 32장** - 요단 동편은 르우벤과 갓과 므낫세 반 지파의 기업이 됨

르우벤 자손과 갓 자손은 심히 많은 가축 떼를 가졌더라 그들이 야셀 땅과 길르앗 땅을 본즉 그 곳은 목축할 만한 장소인지라...(1~9절)
그러나 그나스 사람 여분네의 아들 갈렙과 눈의 아들 여호수아는 여호와를 온전히 따랐느니라 하시고(12절)
보라 너희는 너희의 조상의 대를 이어 일어난 죄인의 무리로서 이스라엘을 향하신 여호와의 노를 더욱 심하게 하는도다...(14~19절)
그 땅이 여호와 앞에 복종하게 하시기까지 싸우면 여호와 앞에서나 이스라엘 앞에서나 무죄하여 돌아오겠고 이 땅은 여호와 앞에서 너희의 소유가 되리라마는...(22~23절)
갓 자손과 르우벤 자손이 모세에게 대답하여 이르되 주의 종들인 우리는 우리 주의 명

령대로 행할 것이라(25절)
모세가 그들에게 이르되 갓 자손과 르우벤 자손이 만일 각각 무장하고 너희와 함께 요단을 건너가서 여호와 앞에서 싸워서 그 땅이 너희 앞에 항복하기에 이르면 길르앗 땅을 그들의 소유로 줄 것이니라...(29~30절)
우리가 무장하고 여호와 앞에서 가나안 땅에 건너가서 요단 이쪽을 우리가 소유할 기업이 되게 하리이다...(32~33절)

• 시편 77편 - 하나님은 믿고 따르는 모든 자에게 친히 영원한 기업이 되심

내가 내 음성으로 하나님께 부르짖으리니 내 음성으로 하나님께 부르짖으면 내게 귀를 기울이시리로다...(1~3절)
밤에 부른 노래를 내가 기억하여 내 심령으로, 내가 내 마음으로 간구하기를...(6~9절)
곧 여호와의 일들을 기억하며 주께서 옛적에 행하신 기이한 일을 기억하리이다...(11~14절)
주의 백성을 양 떼 같이 모세와 아론의 손으로 인도하셨나이다(20절)

• 이사야 24장 - 율법을 범하고 언약을 깨뜨림으로 땅은 무너진 기업이 됨

보라 여호와께서 땅을 공허하게 하시며 황폐하게 하시며 지면을 뒤집어엎으시고 그 주민을 흩으시리니...(1~6절)
약탈을 당한 성읍이 허물어지고 집마다 닫혀서 들어가는 자가 없으며...(10~13절)
그러므로 너희가 동방에서 여호와를 영화롭게 하며 바다 모든 섬에서 이스라엘의 하나님 여호와의 이름을 영화롭게 할 것이라...(15~16절)
그 날에 여호와께서 높은 데에서 높은 군대를 벌하시며 땅에서 땅의 왕들을 벌하시리니...(21~23절)

• 요한일서 2장 - 의로우신 대언자 예수 그리스도는 믿는 자에게 기업이 되심

나의 자녀들아 내가 이것을 너희에게 씀은 너희로 죄를 범하지 않게 하려 함이라 만일 누가 죄를 범하여도 아버지 앞에서 우리에게 대언자가 있으니 곧 의로우신 예수 그리스도시라...(1~2절)

그를 아노라 하고 그의 계명을 지키지 아니하는 자는 거짓말하는 자요 진리가 그 속에 있지 아니하되...(4~5절)
빛 가운데 있다 하면서 그 형제를 미워하는 자는 지금까지 어둠에 있는 자요...(9~11절)
이 세상이나 세상에 있는 것들을 사랑하지 말라 누구든지 세상을 사랑하면 아버지의 사랑이 그 안에 있지 아니하니...(15~18절)
너희는 거룩하신 자에게서 기름 부음을 받고 모든 것을 아느니라...(20~23절)
그가 우리에게 약속하신 것은 이것이니 곧 영원한 생명이니라(25절)
너희는 주께 받은 바 기름 부음이 너희 안에 거하나니 아무도 너희를 가르칠 필요가 없고 오직 그의 기름 부음이 모든 것을 너희에게 가르치며 또 참되고 거짓이 없으니 너희를 가르치신 그대로 주 안에 거하라...(27~28절)

Ⅲ. 묵상을 위한 질문

1. 르우벤 자손과 갓 자손이 모세와 제사장 엘르아살과 지휘관들 앞에서 요구한 사항은 무엇이었나요?(1~5)

2. 모세가 르우벤 자손과 갓 자손의 요구를 수락한 이유는 무엇이었나요?(16~22)

3. 아삽은 불안하고 근심할 때 무엇에 힘썼나요?(1~3,6~9)

4. 아삽은 하나님의 능력과 인도하심을 기억하고 무엇을 말했나요?(11~14,16~20)

5. 이사야는 왜 세계 여러 민족 중에 황폐한 일이 일어난다고 했나요?(1~6,10~13)

6. 이사야는 여호와께서 세상을 심판하신 후에는 어떤 날이 도래할 것이라고 예언했나요?(21~23)

7. 요한이 믿는 자들에게 가장 많이 강조한 계명은 무엇일까요?(8~11,15~17)

8. 요한은 어떤 자가 적그리스도라고 했나요?(22~23)

Ⅳ. 기도

1. 주여, 하나님이 우리에게 주신 분깃과 기업을 잘 관리하고 사용하게 하옵소서.
2. 주여, 어떤 상황 속에서도 하나님의 능력과 인도하심을 믿고 따르게 하옵소서.
3. 주여, 적그리스도를 분별하고 멀리하여 하나님의 나라를 바로 세우게 하옵소서.

• 하나님 마음 알아가기 •

• 나에게 주시는 말씀(암송하기) •

• 오늘의 감사(기록하기) •

144 일차 / 365 사랑 5월 24일

I. 맥체인성경의 통독구조<144>

성경통독은 성경을 읽을 때 비행기를 타고 지나가듯 읽을 수 있으며 기차를 타고 지나가듯 읽을 수도 있다. 또한 자전거나 걸어가면서 가까이 보듯 읽을 수도 있다. 반면 맥체인성경은 입체적이며 전체대강의 줄거리를 보면서 묵상하는 구조다.

II. 핵심구절 읽기

성경본문	민수기 33장	시편 78:1-37	이사야 25장	요한일서 3장
통일주제	**사랑** (다른 사람을 아끼고 위하며 소중히 여기는 마음)			
개별주제	노정 중에 보여주신 기이한 일과 보호하신 사랑	반복된 죄를 용서하시고 기이한 일을 행하신 사랑	성실함과 진심함으로 가난한 자를 건지신 사랑	희생의 은혜를 입은 자가 말과 혀로만 하지 않는 사랑
연합내용	**하나님은 사랑이시다. 예수님도 마지막 순간에 세상에 있는 자기 사람을 사랑하시되 끝까지 사랑하셨다. 성령도 충만한 자에게 사랑의 열매를 주신다. 성도은 어떤 가운데서도 하나님의 사랑을 입고 승리한다.**			
핵심구절	2~4,9,14,38~40 50~56	4~8,13~24,29 32~33,36~37	1~6,8~9,10~12	2~5,7~8,10 13~16,18,21~24

• 민수기 33장 - 노정 중에 보여주신 기이한 일과 보호하신 사랑

모세가 여호와의 명령대로 그 노정을 따라 그들이 행진한 것을 기록하였으니 그들이 행진한 대로의 노정은 이러하니라...(2~4절)

마라를 떠나 엘림에 이르니 엘림에는 샘물 열둘과 종려 칠십 그루가 있으므로 거기에 진을 치고(9절)

알루스를 떠나 르비딤에 진을 쳤는데 거기는 백성이 마실 물이 없었더라(14절)

이스라엘 자손이 애굽 땅에서 나온 지 사십 년째 오월 초하루에 제사장 아론이 여호와의 명령으로 호르 산에 올라가 거기서 죽었으니...(38~40절)

여리고 맞은편 요단 강 가 모압 평지에서 여호와께서 모세에게 말씀하여 이르시되...(50~56절)

• **시편 78:1-37** - 반복된 죄를 용서하시고 기이한 일을 행하신 사랑

우리가 이를 그들의 자손에게 숨기지 아니하고 여호와의 영예와 그의 능력과 그가 행하신 기이한 사적을 후대에 전하리로다...(4~8절)
그가 바다를 갈라 물을 무더기 같이 서게 하시고 그들을 지나가게 하셨으며...(13~24절)
그들이 먹고 심히 배불렀나니 하나님이 그들의 원대로 그들에게 주셨도다(29절)
이러함에도 그들은 여전히 범죄하여 그의 기이한 일들을 믿지 아니하였으므로...(32~33절)
그러나 그들이 입으로 그에게 아첨하며 자기 혀로 그에게 거짓을 말하였으니...(36~37절)

• **이사야 25장** - 성실함과 진심함으로 가난한 자를 건지신 사랑

여호와여 주는 나의 하나님이시라 내가 주를 높이고 주의 이름을 찬송하오리니 주는 기사를 옛적에 정하신 뜻대로 성실함과 진실함으로 행하셨음이라...(1~6절)
사망을 영원히 멸하실 것이라 주 여호와께서 모든 얼굴에서 눈물을 씻기시며 자기 백성의 수치를 온 천하에서 제하시리라 여호와께서 이같이 말씀하셨느니라...(8~9절)
여호와의 손이 이 산에 나타나시리니 모압이 거름물 속에서 초개가 밟힘 같이 자기 처소에서 밟힐 것인즉...(10~12절)

• **요한일서 3장** - 희생의 은혜를 입은 자가 말과 혀로만 하지 않는 사랑

사랑하는 자들아 우리가 지금은 하나님의 자녀라 장래에 어떻게 될지는 아직 나타나지 아니하였으나 그가 나타나시면 우리가 그와 같을 줄을 아는 것은 그의 참모습 그대로 볼 것이기 때문이니...(2~5절)
자녀들아 아무도 너희를 미혹하지 못하게 하라 의를 행하는 자는 그의 의로우심과 같이 의롭고...(7~8절)
이러므로 하나님의 자녀들과 마귀의 자녀들이 드러나나니 무릇 의를 행하지 아니하는 자나 또는 그 형제를 사랑하지 아니하는 자는 하나님께 속하지 아니하니라(10절)
형제들아 세상이 너희를 미워하여도 이상히 여기지 말라...(13~16절)
자녀들아 우리가 말과 혀로만 사랑하지 말고 행함과 진실함으로 하자(18절)
사랑하는 자들아 만일 우리 마음이 우리를 책망할 것이 없으면 하나님 앞에서 담대함을 얻고(21~24절)

Ⅲ. 묵상을 위한 질문

1. 모세가 여호와의 명령대로 대오를 갖추어 행진한 노정의 모든 지역을 기술한 이유는 무엇일까요?(2,5~37,41~49)

2. 여호와께서 모세를 통해 이스라엘 자손에게 가나안 땅에 들어가면 꼭 지켜야 할 어떤 엄중한 말씀을 하셨나요?(51~56)

3. 아삽은 조상들이 후대에게 무엇에 관하여 전해야 한다고 했나요?(1~7,11~16,23~29)

4. 아삽은 이스라엘 자손의 죄악된 역사을 어떻게 나열했나요?(8,10,17~19,32,37)

5. 자기 백성의 수치를 제하시고 빈궁한 자, 환난 당한 가난한 자의 피난처가 되어 주시는 하나님은 무엇을 받으시기에 합당하실까요?(1,4,8)

6. 이사야는 하나님이 모압을 치시는 이유를 무엇이라고 했나요?(10~12)

7. 요한은 무엇이 죄라고 하였나요?(4,8)

8. 요한은 그리도인이 어떻게 살아야 한다고 했나요?(14,18,23)

Ⅳ. 기도

1. 주여, 세상의 염려와 재리의 유혹이 밀려와도 절대 우상은 숭배하지 말게 하옵소서.
2. 주여, 후손에게 신앙과 계명과 행하신 기적을 가르쳐 온전히 주를 따르게 하옵소서.
3. 주여, 죄 없으신 예수님 그리스도를 알고 닮아가며 빛의 삶을 살게 하옵소서.

• 하나님 마음 알아가기 •

• 나에게 주시는 말씀(암송하기) •

• 오늘의 감사(기록하기) •

145 일차 / 365 자비 5월 25일

I. 맥체인성경의 통독구조<145>

일차적으로 성경을 사면으로 이해한다.

이차적으로 네 장의 성경말씀을 핵심본문과 그에 대한 예제의 관계로 이해해 본다. 네 장 중 어떤 본문은 원리가 되고 어떤 본문은 그 예가 될 수 있는 구조다.

II. 핵심구절 읽기

성경본문	민수기 34장	시편 78편(2)	이사야 26장	요한일서 4장
통일주제	**자비** (慈悲, 사람들에게 즐거움과 복을 주고 고통과 괴로움을 없게 함)			
개별주제	땅의 경계를 알려주시고 차지하게 하신 하나님의 자비	범죄한 백성을 참으시며 끝까지 돌보신 하나님의 자비	유다 땅을 의로운 나라로 회복시키시는 하나님의 자비	독생자를 화목제물로 보내셔서 속죄하신 하나님의 자비
연합내용	**계시의 말씀인 성경에는 하나님의 도덕적 속성이 나온다. 그 중에 하나가 자비로우심이다. 땅을 기업으로 주시는 자비하심, 범죄한 자를 용서하시고 돌보시는 자비하심, 무엇보다 독생자 아들을 주심으로 인류를 구원하신 자비하심은 모든 사랑과 교훈의 뿌리가 된다.**			
핵심구절	1~3,6~7,10 13~15,17~29	38~42,52~60 65~72	1~4,7~9,11~13 15~16,19~20	1~3,6~12,15~16 18~21

• 민수기 34장 - 땅의 경계를 알려주시고 차지하게 하신 하나님의 자비

여호와께서 모세에게 말씀하여 이르시되...(1~3절)
서쪽 경계는 대해가 경계가 되나니 이는 너희의 서쪽 경계니라...(6~7절)
너희의 동쪽 경계는 하살에난에서 그어 스밤에 이르고(10절)
모세가 이스라엘 자손에게 명령하여 이르되 이는 너희가 제비 뽑아 받을 땅이라 여호와께서 이것을 아홉 지파 반 쪽에게 주라고 명령하셨나니...(13~15절)
너희에게 땅을 기업으로 나눌 자의 이름은 이러하니 제사장 엘르아살과 눈의 아들 여호수아니라...(17~29절)

• **시편 78편** - 범죄한 백성을 참으시며 끝까지 돌보신 하나님의 자비

오직 하나님은 긍휼하시므로 죄악을 덮어 주시어 멸망시키지 아니하시고 그의 진노를 여러 번 돌이키시며 그의 모든 분을 다 쏟아 내지 아니하셨으니...(38~42절)
그가 자기 백성은 양 같이 인도하여 내시고 광야에서 양 떼 같이 지도하셨도다...(52~60절)
그 때에 주께서 잠에서 깨어난 것처럼, 포도주를 마시고 고함치는 용사처럼 일어나사...(65~72절)

• **이사야 26장** - 유다 땅을 의로운 나라로 회복시키시는 하나님의 자비

그 날에 유다 땅에서 이 노래를 부르리라 우리에게 견고한 성읍이 있음이여 여호와께서 구원을 성벽과 외벽으로 삼으시리로다...(1~4절)
의인의 길은 정직함이여 정직하신 주께서 의인의 첩경을 평탄하게 하시도다...(7~9절)
여호와여 주의 손이 높이 들릴지라도 그들이 보지 아니하오나 백성을 위하시는 주의 열성을 보면 부끄러워할 것이라 불이 주의 대적들을 사르리이다...(11~13절)
여호와여 주께서 이 나라를 더 크게 하셨고 이 나라를 더 크게 하셨나이다 스스로 영광을 얻으시고 이 땅의 모든 경계를 확장하셨나이다...(15~16절)
주의 죽은 자들은 살아나고 그들의 시체들은 일어나리이다 티끌에 누운 자들아 너희는 깨어 노래하라 주의 이슬은 빛난 이슬이니 땅이 죽은 자들을 내놓으리로다...(19~20절)

• **요한일서 4장** - 독생자를 화목제물로 보내셔서 속죄하신 하나님의 자비

사랑하는 자들아 영을 다 믿지 말고 오직 영들이 하나님께 속하였나 분별하라 많은 거짓 선지자가 세상에 나왔음이라...(1~3절)
우리는 하나님께 속하였으니 하나님을 아는 자는 우리의 말을 듣고 하나님께 속하지 아니한 자는 우리의 말을 듣지 아니하나니 진리의 영과 미혹의 영을 이로써 아느니라...(6~12절)
누구든지 예수를 하나님의 아들이라 시인하면 하나님이 그의 안에 거하시고 그도 하나님 안에 거하느니라...(15~16절)
사랑 안에 두려움이 없고 온전한 사랑이 두려움을 내쫓나니 두려움에는 형벌이 있음이라 두려워하는 자는 사랑 안에서 온전히 이루지 못하였느니라...(18~21절)

Ⅲ. 묵상을 위한 질문

1. 여호와께서는 이스라엘 자손의 기업인 약속의 땅에 무엇을 정해 주셨나요? (3,6,~7,10)

2. 여호와께서는 각 지파의 기업 분할 책임자로 누구를 임명하셨나요?(17~29)

3. 아삽은 이스라엘의 변덕스러운 범죄 내용을 어떻게 열거했나요?(38~42,56~58)

4. 아삽은 하나님이 변함없이 돌보아 주신 은혜를 어떻게 표현했나요?(43~55,65~72)

5. 여호와께서는 유다 땅을 의로운 나라로 만드실 때 어떤 자를 세우실까요?(1~3,15)

6. 이사야는 여호와 하나님이 땅을 심판하실 때 세계의 거민은 무엇을 배운다고 하였나요?(8~9,20~21)

7. 요한은 거짓 선지자와 적그리스도의 영을 가진 자가 무엇을 부인한다고 했나요? (1~3)

8. 요한은 사랑이신 하나님을 하는 자는 무엇을 할 수 있다고 했나요?(7~12,16)

Ⅳ. 기도

1. 주여, 주신 명령인 말씀과 경계인 범위와 재능인 능력을 잘 사용케 하옵소서.
2. 주여, 하나님이 한번 세우신 계획은 변개하심이 없음을 알고 따르게 하옵소서
3. 주여, 오직 서로 사랑함으로써 거짓 선지자와 적그리스도를 이기게 하옵소서.

• 하나님 마음 알아가기 •

• 나에게 주시는 말씀(암송하기) •

• 오늘의 감사(기록하기) •

146 일차 / 365 도피 5월 26일

Ⅰ. 맥체인성경의 통독구조<146>

66권 중 한 권의 여러 장을 읽을 때 전체 대강의 줄거리를 묵상하는 일반적인 통독과는 달리, 66권 중 다른 네 권의 한 장씩을 합쳐 네 장을 읽을 때 링크된 내용을 묵상하게 됨으로 다양하게 역사하신 하나님의 구속사를 깨닫게 되는 구조다.

Ⅱ. 핵심구절 읽기

성경본문	민수기 35장	시편 79편	이사야 27장	요한일서 5장
통일주제	**도피** (逃避, 어떤 일이나 상황으로부터 도망하여 몸과 맘을 피함)			
개별주제	우발적인 살인자가 레위의 성읍인 도피성으로 도피	주의 백성이 이방나라들의 압제로부터 주께로 도피	이스라엘 자손들이 그 날에 포도원지기에게로 도피	사망에 이른 죄인이 영생을 주시는 예수에게로 도피
연합내용	**인간은 죄인이다. 원죄를 가지고 태어나 죄인으로 살다가 사망에 이른다. 구약에는 도피성을 통해 하나님께 피함으로 죽음을 면했다. 이제는 예수 그리스도를 믿고 그에게 피함으로 영생에 이르게 된다.**			
핵심구절	1~8,11~15 21~28,33~34	1~5,8~9,11~13	1~4,6,8~9 12~13	1~4,6~8,10~15 17~20

• 민수기 35장 - 우발적인 살인자가 레위의 성읍인 도피성으로 도피

여호와께서 여리고 맞은편 요단 강 가 모압 평지에서 모세에게 말씀하여 이르시되...(1~8절)
너희를 위하여 성읍을 도피성으로 정하여 부지중에 살인한 자가 그리로 피하게 하라...(11~15절)
악의를 가지고 손으로 쳐죽이면 그 친 자는 반드시 죽일 것이니 이는 살인하였음이라 피를 보복하는 자는 살인자를 만나면 죽일 것이니라...(21~28절)
너희는 너희가 거주하는 땅을 더럽히지 말라 피는 땅을 더럽히나니 피 흘림을 받은 땅은 그 피를 흘리게 한 자의 피가 아니면 속함을 받을 수 없느니라...(33~34절)

• 시편 79편 - 주의 백성이 이방나라들의 압제로부터 주께로 도피

하나님이여 이방 나라들이 주의 기업의 땅에 들어와서 주의 성전을 더럽히고 예루살렘이 돌무더기가 되게 하였나이다...(1~5절)
우리 조상들의 죄악을 기억하지 마시고 주의 긍휼로 우리를 속히 영접하소서 우리가 매우 가련하게 되었나이다...(8~9절)
갇힌 자의 탄식을 주의 앞에 이르게 하시며 죽이기로 정해진 자도 주의 크신 능력을 따라 보존하소서...(11~13절)

• 이사야 27장 - 이스라엘 자손들이 그 날에 포도원지기에게로 도피

그 날에 여호와께서 그의 견고하고 크고 강한 칼로 날랜 뱀 리워야단 곧 꼬불꼬불한 뱀 리워야단을 벌하시며 바다에 있는 용을 죽이시리라...(1~4절)
후일에는 야곱의 뿌리가 박히며 이스라엘의 움이 돋고 꽃이 필 것이라 그들이 그 결실로 지면을 채우리로다(6절)
주께서 백성을 적당하게 견책하사 쫓아내실 때에 동풍 부는 날에 폭풍으로 그들을 옮기셨느니라...(8~9절)
너희 이스라엘 자손들아 그 날에 여호와께서 창일하는 하수에서부터 애굽 시내에까지 과실을 떠는 것 같이 너희를 하나하나 모으시리라...(12~13절)

• 요한일서 5장 - 사망에 이른 죄인이 영생을 주시는 예수에게로 도피

예수께서 그리스도이심을 믿는 자마다 하나님께로부터 난 자니 또한 낳으신 이를 사랑하는 자마다 그에게서 난 자를 사랑하느니라...(1~4절)
이는 물과 피로 임하신 이시니 곧 예수 그리스도시라 물로만 아니요 물과 피로 임하셨고 증언하는 이는 성령이시니 성령은 진리니라...(6~8절)
하나님의 아들을 믿는 자는 자기 안에 증거가 있고 하나님을 믿지 아니하는 자는 하나님을 거짓말하는 자로 만드나니 이는 하나님께서 그 아들에 대하여 증언하신 증거를 믿지 아니하였음이라...(10~15절)
모든 불의가 죄로되 사망에 이르지 아니하는 죄도 있도다...(17~20절)

Ⅲ. 묵상을 위한 질문

1. 여호와 하나님은 모세에게 이스라엘 각 지파의 기업 중에서 누구의 것을 나눠 주라고 말씀하셨나요?(1~8)

2. 레위지파의 48개 성읍 중에서 도피성은 어디에 몇 개씩 정하라고 하셨나요?(13~15)

3. 아삽은 성전과 예루살렘을 더럽힌 이방 나라들에게 무엇이 있길 기도했나요?(1~3,6,10)

4. 아삽은 주의 백성인 자신들을 어떻게 해 달라고 기도했나요?(8~9,11)

5. 이사야가 예언한 그 날에 포도원지기는 누구일까요?(1~4)

6. 이사야는 그 날에 포도원에 모인 이스라엘 자손들이 무엇을 할 것이라고 예언했나요?(2~3,12~13)

7. 요한은 하나님을 사랑하는 자가 어떤 두 가지를 행한다고 했나요?(1~3)

8. 요한은 하나님의 아들을 믿는 자에게 어떤 두 가지의 축복이 주어졌다고 했나요?(10~11,13,18,20)

Ⅳ. 기도

1. 주여, 하나님께서 우리에게 나눠주신 분깃을 소중히 관리하며 살게 하옵소서.
2. 주여, 세상을 심판하시는 그 날을 기억하고 날마다 깨어 기도하게 하옵소서.
3. 주여, 하나님과 예수 그리스도를 사랑하고 그 계명을 온전히 지키게 하옵소서.

• 하나님 마음 알아가기 •

• 나에게 주시는 말씀(암송하기) •

• 오늘의 감사(기록하기) •

147 일차 / 365 외침 5월 27일

Ⅰ. 맥체인성경의 통독구조<147>

신구약성경 전체를 네 등분으로 하루에 4장씩 동시에 읽으면 성경에 기록된 장구한 하나님의 구원의 역사를 크게 네 시대, 네 상황으로 나누어 동시에 묵상할 수 있는 구조다.

Ⅱ. 핵심구절 읽기

성경본문	민수기 36장	시편 80편	이사야 28장	요한이서 1장
통일주제	**외침** (자신의 주장이나 억울한 일을 큰 소리로 전함)			
개별주제	길르앗 수령들의 기업에 대한 합리적 외침	아삽의 이스라엘 민족에 대한 신원적 외침	이사야의 에브라임을 향한 예언적 외침	요한의 택함받은 부녀와 자녀를 향한 권면적 외침
연합내용	**사람은 중요한 것에 대해 목소리를 높여 크게 외친다. 정의로운 자, 속죄적 중보의 기도를 드리는 자, 주의 뜻을 대언하는 자, 사랑하는 자에게 위험을 경고하는 자는 사명감을 갖고 더욱 그렇게 행동한다.**			
핵심구절	1~7,11~12	1~5,7~12,14,19	1~8,13~16,19 22~29	1~2,4~8,10~11

• 민수기 36장 - 길르앗 수령들의 기업에 대한 합리적 외침

요셉 자손의 종족 중 므낫세의 손자 마길의 아들 길르앗 자손 종족들의 수령들이 나아와 모세와 이스라엘 자손의 수령 된 지휘관들 앞에 말하여...(1~7절)
슬로브핫의 딸 말라와 디르사와 호글라와 밀가와 노아가 다 그들의 숙부의 아들들의 아내가 되니라...(11~12절)

• 시편 80편 - 아삽의 이스라엘 민족에 대한 신원적 외침

요셉을 양 떼 같이 인도하시는 이스라엘의 목자여 귀를 기울이소서 그룹 사이에 좌정하신 이여 빛을 비추소서...(1~5절)
만군의 하나님이여 우리를 회복하여 주시고 주의 얼굴의 광채를 비추사 우리가 구원

을 얻게 하소서...(7~12절)
만군의 하나님이여 구하옵나니 돌아오소서 하늘에서 굽어보시고 이 포도나무를 돌보소서(14절)
만군의 하나님 여호와여 우리를 돌이켜 주시고 주의 얼굴의 광채를 우리에게 비추소서 우리가 구원을 얻으리이다(19절)

• 이사야 28장 - 이사야의 에브라임을 향한 예언적 외침

에브라임의 술취한 자들의 교만한 면류관은 화 있을진저 술에 빠진 자의 성 곧 영화로운 관 같이 기름진 골짜기 꼭대기에 세운 성이여 쇠잔해 가는 꽃 같으니 화 있을진저...(1~8절)
여호와께서 그들에게 말씀하시되 경계에 경계를 더하며 경계에 경계를 더하며 교훈에 교훈을 더하며 교훈에 교훈을 더하고 여기서도 조금, 저기서도 조금 하사 그들이 가다가 뒤로 넘어져 부러지며 걸리며 붙잡히게 하시리라...(13~16절)
그것이 지나갈 때마다 너희를 잡을 것이니 아침마다 지나가며 주야로 지나가리니 소식을 깨닫는 것이 오직 두려움이라(19절)
그러므로 너희는 오만한 자가 되지 말라 너희 결박이 단단해질까 하노라 대저 온 땅을 멸망시키기로 작정하신 것을 내가 만군의 주 여호와께로부터 들었느니라...(22~29절)

• 요한이서 1장 - 요한의 택함받은 부녀와 자녀를 향한 권면적 외침

장로인 나는 택하심을 받은 부녀와 그의 자녀들에게 편지하노니 내가 참으로 사랑하는 자요 나뿐 아니라 진리를 아는 모든 자도 그리하는 것은...(1~2절)
너의 자녀들 중에 우리가 아버지께 받은 계명대로 진리를 행하는 자를 내가 보니 심히 기쁘도다...(4~8절)
누구든지 이 교훈을 가지지 않고 너희에게 나아가거든 그를 집에 들이지도 말고 인사도 하지 말라...(10~11절)

Ⅲ. 묵상을 위한 질문

1. 므낫세의 손자 마길의 아들 길르앗 자손 종족들의 수령들은 모세에게 어떤 주장을 했나요?(1~4)

2. 길르앗 자손 종족들의 수령들이 주장한 것에 대해 모세는 어떤 대안을 주었나요?(5~9)

3. 아삽은 목자이신 하나님께 이스라엘의 처지를 어떤 내용으로 기도드렸나요?(1,4~6,12~13)

4. 아삽은 이스라엘 민족이 세워지는 과정을 무엇으로 비유하였나요?(8~11)

5. 이사야는 에브라임의 멸망의 원인이 무엇이라고 외쳤나요?(1~3,7,14~15)

6. 이사야는 세상을 다스리시는 여호와 하나님의 방법과 경영을 어떤 비유로 설명했나요?(22~29)

7. 요한은 누구에게 이 편지를 왜 썼나요?(1~2,7~8)

8. 요한은 그리스도의 교훈 안에 거하지 않는 자를 어떻게 대하라고 했나요?(10~11)

Ⅳ. 기도

1. 주여, 주님이 주신 모든 것을 지혜와 선포로 온전히 차지하게 하옵소서.
2. 주여, 우리의 멸망의 원인이 무엇인지 찾아 회개하고 회복하게 하옵소서.
3. 주여, 주님의 신성과 인성을 믿지 않는 적그리스도를 멀리하게 하옵소서.

• 하나님 마음 알아가기 •

• 나에게 주시는 말씀(암송하기) •

• 오늘의 감사(기록하기) •

148 일차 / 365 진심 5월 28일

Ⅰ. 맥체인성경의 통독구조<148>

신구약성경 전체를 네 시대로 구분하여 하루에 4장씩 동시에 읽으면 각 시대별로 또한 거시적인 안목으로 하나님의 다스리시는 통치의 역사를 역동적으로 묵상할 수 있는 구조다.

Ⅱ. 핵심구절 읽기

성경본문	신명기 1장	시편 81~82편	이사야 29장	요한삼서 1장
통일주제	**진심** (眞心, 거짓이 없는 참된 마음)			
개별주제	이스라엘을 향한 모세의 진심어린 설교	이스라엘을 향한 아삽의 진심어린 권면	예루살렘을 향한 이사야의 진심어린 탄식	가이오를 향한 요한의 진심어린 축복기도
연합내용	**하나님은 진실하시고 성실하시다. 그래서 하나님은 진실하고 성실한 자를 일꾼으로 부르신다. 하나님의 일을 했던 구약의 모세, 아삽, 이사야와 신약의 요한은 모두 진심을 다해 자신에게 맡겨진 말씀선포와 기도사명을 충실히 감당했다.**			
핵심구절	1~3,8~17,21~25 28~33,36~40 42~44	81:1~3,5~11,13 82:1,3~4,6~8	1~4,9~16,18~20 23~24	1~8,11~12

• 신명기 1장 - 이스라엘을 향한 모세의 진심어린 설교

이는 모세가 요단 저쪽 숩 맞은편의 아라바 광야 곧 바란과 도벨과 라반과 하세롯과 디사합 사이에서 이스라엘 무리에게 선포한 말씀이니라...(1~3절)

내가 너희의 조상 아브라함과 이삭과 야곱에게 맹세하여 그들과 그들의 후손에게 주리라 한 땅이 너희 앞에 있으니 들어가서 그 땅을 차지할지니라...(8~17절)

너희의 하나님 여호와께서 이 땅을 너희 앞에 두셨은즉 너희 조상의 하나님 여호와께서 너희에게 이르신 대로 올라가서 차지하라 두려워하지 말라 주저하지 말라 한즉...(21~25절)

우리가 어디로 가랴 우리의 형제들이 우리를 낙심하게 하여 말하기를 그 백성은 우리보다 장대하며 그 성읍들은 크고 성곽은 하늘에 닿았으며 우리가 또 거기서 아낙 자손을 보았노라 하는도다 하기로...(28~33절)

오직 여분네의 아들 갈렙은 온전히 여호와께 순종하였은즉 그는 그것을 볼 것이요 그가 밟은 땅을 내가 그와 그의 자손에게 주리라 하시고...(36~40절)
여호와께서 내게 이르시되 너는 그들에게 이르기를 너희는 올라가지 말라 싸우지도 말라 내가 너희 중에 있지 아니하니 너희가 대적에게 패할까 하노라 하시기로...(42~44절)

• **시편 81~82편** - 이스라엘을 향한 아삽의 진심어린 권면

우리의 능력이 되시는 하나님을 향하여 기쁘게 노래하며 야곱의 하나님을 향하여 즐거이 소리칠지어다...(81편 1~3절)
하나님이 애굽 땅을 치러 나아가시던 때에 요셉의 족속 중에 이를 증거로 세우셨도다 거기서 내가 알지 못하던 말씀을 들었나니...(81편 5~11절)
내 백성아 내 말을 들으라 이스라엘아 내 도를 따르라(81편 13절)
하나님은 신들의 모임 가운데에 서시며 하나님은 그들 가운데에서 재판하시느니라(82편 1절)
가난한 자와 고아를 위하여 판단하며 곤란한 자와 빈궁한 자에게 공의를 베풀지며...(82편 3~4절)
내가 말하기를 너희는 신들이며 다 지존자의 아들들이라 하였으나...(82편 6~8절)

• **이사야 29장** - 예루살렘을 향한 이사야의 진심어린 탄식

슬프다 아리엘이여 아리엘이여 다윗이 진 친 성읍이여 해마다 절기가 돌아오려니와...(1~4절)
너희는 놀라고 놀라라 너희는 맹인이 되고 맹인이 되라 그들의 취함이 포도주로 말미암음이 아니며 그들의 비틀거림이 독주로 말미암음이 아니니라...(9~16절)
그 날에 못 듣는 사람이 책의 말을 들을 것이며 어둡고 캄캄한 데에서 맹인의 눈이 볼 것이며...(18~20절)
그의 자손은 내 손이 그 가운데에서 행한 것을 볼 때에 내 이름을 거룩하다 하며 야곱의 거룩한 이를 거룩하다 하며 이스라엘의 하나님을 경외할 것이며...(23~24절)

• **요한삼서 1장** - 가이오를 향한 요한의 진심어린 축복기도

장로인 나는 사랑하는 가이오 곧 내가 참으로 사랑하는 자에게 편지하노라...(1~8절) 사랑하는 자여 악한 것을 본받지 말고 선한 것을 본받으라 선을 행하는 자는 하나님께 속하고 악을 행하는 자는 하나님을 뵈옵지 못하였느니라...(11~12절)

Ⅲ. 묵상을 위한 질문

1. 신명기는 모세가 언제 어디에서 무엇을 선포한 말씀일까요?(1,3,5)

2. 모세는 신명기의 첫 장에서 어떤 두 가지 큰 일을 언급하고 있나요?(10~15,21~25)

3. 아삽은 출애굽 사건을 회상하면서 이스라엘 자손들에게 어떤 일은 하고 어떤 일은 하지 말라고 말했나요?(81:1~3,9~10,13)

4. 아삽은 하나님을 사랑하는 자가 누구를 잘 돌봐야 한다고 했나요?(82:3~4)

5. 이사야는 예루살렘의 패망의 원인이 무엇이라고 탄식했나요?(1~4,13~16)

6. 이사야는 동시에 무너진 예루살렘이 어떻게 될 것을 예언했나요?(18~20,22~24)

7. 장로인 요한은 사랑하는 가이오에게 어떤 복을 빌어 주었나요?(1~2)

8. 장로인 요한은 디오드레베의 어떤 잘못을 지적하고 닮지 말라고 했나요?(9~11)

Ⅳ. 기도

1. 주여, 삶 속에서 베풀어주신 은혜를 잊지 말고 주어진 일에 더 충실하게 하옵소서.
2. 주여, 자신도 모르게 밀려오는 우상의 미혹을 분별하고 물리치게 하옵소서.
3. 주여, 영혼이 잘됨같이 범사가 잘 되고 강건한 그리스도인이 되게 하옵소서.

• 하나님 마음 알아가기 •

• 나에게 주시는 말씀(암송하기) •

• 오늘의 감사(기록하기) •

149 일차 / 365 정도 5월 29일

Ⅰ. 맥체인성경의 통독구조<149>

맥체인성경은 각 시대의 상황을 기록한 네 장의 다양한 성경 주제내용을 매일 묵상을 통해 하나로 묶는 풍성하고 놀라운 구조이다.

Ⅱ. 핵심구절 읽기

성경본문	신명기 2장	시편 83~84편	이사야 30장	유다서
통일주제	**정도** (正道, 사람이 행해야 할 바른 도리)			
개별주제	정도를 걸어야 할 이스라엘의 광야생활	정도를 걸어야 할 주의 백성의 신앙생활	정도를 걷지 않는 이스라엘의 세속생활	정도를 걷지 않는 거짓교사들의 타락생활
연합내용	**하나님은 천지만물을 창조하실 때 조화와 질서를 이루셨다. 그리고 사람에게 이 모든 것을 바로 다스리도록 정도를 가르쳐 주셨다. 사람은 하나님과의 관계를 위해 사람과의 관계를 위해 바른 길을 가야하는 것이다. 그러나 많은 자들이 그릇된 길을 가므로 하나님을 대적하였다.**			
핵심구절	4~7,9,12,14~15 19,21,24~25 27~31,34~35,37	83:1~9,13~16 84:1~8,10~12	1~3,5,8~11 14~19,21~22,26 29~30	3~4,6~8,10 12~13,15~23

• 신명기 2장 - 정도를 걸어야 할 이스라엘의 광야생활

너는 또 백성에게 명령하여 이르기를 너희는 세일에 거주하는 너희 동족 에서의 자손이 사는 지역으로 지날진대 그들이 너희를 두려워하리니 너희는 스스로 깊이 삼가고...(4~7절)

여호와께서 내게 이르시되 모압을 괴롭히지 말라 그와 싸우지도 말라 그 땅을 내가 네게 기업으로 주지 아니하리니 이는 내가 롯 자손에게 아르를 기업으로 주었음이라(9절)

호리 사람도 세일에 거주하였는데 에서의 자손이 그들을 멸하고 그 땅에 거주하였으니 이스라엘이 여호와께서 주신 기업의 땅에서 행한 것과 같았느니라(12절)

가데스 바네아에서 떠나 세렛 시내를 건너기까지 삼십팔 년 동안이라 이 때에는 그 시대의 모든 군인들이 여호와께서 그들에게 맹세하신 대로 진영 중에서 다 멸망하였나니...(14~15절)

암몬 족속에게 가까이 이르거든 그들을 괴롭히지 말고 그들과 다투지도 말라 암몬 족

속의 땅은 내가 네게 기업으로 주지 아니하리니 이는 내가 그것을 롯 자손에게 기업으로 주었음이라(19절)
그 백성은 아낙 족속과 같이 강하고 많고 키가 컸으나 여호와께서 암몬 족속 앞에서 그들을 멸하셨으므로 암몬 족속이 대신하여 그 땅에 거주하였으니(21절)
너희는 일어나 행진하여 아르논 골짜기를 건너라 내가 헤스본 왕 아모리 사람 시혼과 그의 땅을 네 손에 넘겼은즉 이제 더불어 싸워서 그 땅을 차지하라...(24~25절)
나를 네 땅으로 통과하게 하라 내가 큰길로만 행하고 좌로나 우로나 치우치지 아니하리라...(27~31절)
그 때에 우리가 그의 모든 성읍을 점령하고 그의 각 성읍을 그 남녀와 유아와 함께 하나도 남기지 아니하고 진멸하였고...(34~35절)
오직 암몬 족속의 땅 얍복 강 가와 산지에 있는 성읍들과 우리 하나님 여호와께서 우리가 가기를 금하신 모든 곳은 네가 가까이 하지 못하였느니라(37절)

• 시편 83~84편 - 정도를 걸어야 할 주의 백성의 신앙생활

하나님이여 침묵하지 마소서 하나님이여 잠잠하지 마시고 조용하지 마소서...(83편 1~9절)
나의 하나님이여 그들이 굴러가는 검불 같게 하시며 바람에 날리는 지푸라기 같게 하소서...(83편 13~16절)
만군의 여호와여 주의 장막이 어찌 그리 사랑스러운지요...(84편 1~8절)
주의 궁정에서의 한 날이 다른 곳에서의 천 날보다 나은즉 악인의 장막에 사는 것보다 내 하나님의 성전 문지기로 있는 것이 좋사오니...(84편 10~12절)

• 이사야 30장 - 정도를 걷지 않는 이스라엘의 세속생활

여호와께서 이르시되 패역한 자식들은 화 있을진저 그들이 계교를 베푸나 나로 말미암지 아니하며 맹약을 맺으나 나의 영으로 말미암지 아니하고 죄에 죄를 더하도다...(1~3절)
그들이 다 자기를 유익하게 하지 못하는 민족으로 말미암아 수치를 당하리니 그 민족이 돕지도 못하며 유익하게도 못하고 수치가 되게 하며 수욕이 되게 할 뿐임이니라(5절)
이제 가서 백성 앞에서 서판에 기록하며 책에 써서 후세에 영원히 있게 하라...(8~11절)
그가 이 나라를 무너뜨리시되 토기장이가 그릇을 깨뜨림 같이 아낌이 없이 부수시리니 그 조각 중에서, 아궁이에서 불을 붙이거나 물 웅덩이에서 물을 뜰 것도 얻지 못하리라...(14~19절)

너희가 오른쪽으로 치우치든지 왼쪽으로 치우치든지 네 뒤에서 말소리가 네 귀에 들려 이르기를 이것이 바른 길이니 너희는 이리로 가라 할 것이며...(21~22절)
여호와께서 자기 백성의 상처를 싸매시며 그들의 맞은 자리를 고치시는 날에는 달빛은 햇빛 같겠고 햇빛은 일곱 배가 되어 일곱 날의 빛과 같으리라(26절)
너희가 거룩한 절기를 지키는 밤에 하듯이 노래할 것이며 피리를 불며 여호와의 산으로 가서 이스라엘의 반석에게로 나아가는 자 같이 마음에 즐거워할 것이라...(29~30절)

• 유다서 - 정도를 걷지 않는 거짓교사들의 타락생활

사랑하는 자들아 우리가 일반으로 받은 구원에 관하여 내가 너희에게 편지하려는 생각이 간절하던 차에 성도에게 단번에 주신 믿음의 도를 위하여 힘써 싸우라는 편지로 너희를 권하여야 할 필요를 느꼈노니...(3~4절)
또 자기 지위를 지키지 아니하고 자기 처소를 떠난 천사들을 큰 날의 심판까지 영원한 결박으로 흑암에 가두셨으며...(6~8절)
이 사람들은 무엇이든지 그 알지 못하는 것을 비방하는도다 또 그들은 이성 없는 짐승 같이 본능으로 아는 그것으로 멸망하느니라(10절)
그들은 기탄 없이 너희와 함께 먹으니 너희의 애찬에 암초요 자기 몸만 기르는 목자요 바람에 불려가는 물 없는 구름이요 죽고 또 죽어 뿌리까지 뽑힌 열매 없는 가을 나무요...(12~13절)
이는 뭇 사람을 심판하사 모든 경건하지 않은 자가 경건하지 않게 행한 모든 경건하지 않은 일과 또 경건하지 않은 죄인들이 주를 거슬러 한 모든 완악한 말로 말미암아 그들을 정죄하려 하심이라 하였느니라...(15~23절)

Ⅲ. 묵상을 위한 질문

1. 여호와는 왜 모세에게 세일과 모압과 암몬과는 다투지 말라고 하셨나요?(4~5,9,19)

2. 여호와는 모세에게 아모리 사람 시혼과는 싸우라고 하시면서 무엇을 약속하셨나요?(24~25,31)

3. 아삽은 왜 에돔과 모압과 암몬과 연합한 자들 모두에게 낭패와 멸망을 당하게 해 달라고 기도했나요?(83:2~8,12)

4. 고라는 주의 집에 살며 의지하는 자가 어떤 복을 누린다고 했나요?(84:4~7,11~12)

5. 이사야는 이스라엘의 죄악된 세속생활과 불신앙을 어떻게 나열했나요?(9~12,16)

6. 이사야는 이스라엘이 여호와 앞에 어떻게 행동하면 풍성하게 회복하실 것이라고 언급했나요?(15,18~19,21~22,26,29~30)

7. 야고보의 형제인 유다가 유다서를 쓰게 된 이유는 무엇일까요?(1,3~4,8,10,16)

8. 유다는 마지막 때에 어떤 자들이 나타날 것이라고 했나요?(17~19)

Ⅳ. 기도

1. 주여, 주의 뜻에 따라 싸울 자와 싸우게 하시고 나눌 자와 나누게 하옵소서.
2. 주여, 세상 속에 빠지는 세속생활과 거짓된 불신앙을 좇지 않게 하옵소서.
3. 주여, 성도에게 단번에 주신 믿음의 도리를 위하여 힘써 싸우게 하옵소서.

• 하나님 마음 알아가기 •

• 나에게 주시는 말씀(암송하기) •

• 오늘의 감사(기록하기) •

150 일차 / 365 명령 5월 30일

Ⅰ. 맥체인성경의 통독구조<150>

하나님의 구원의 역사를 한 눈에 볼 수 있도록 구성되어 있다.

세상을 향한 하나님의 마음과 생각을 폭넓게 연상할 수 있도록 구성되어 있다.

Ⅱ. 핵심구절 읽기

성경본문	신명기 3장	시편 85편	이사야 31장	요한계시록 1장
통일주제	**명령** (命令, 윗사람이 아랫사람에게 무엇을 하도록 시킴)			
개별주제	여호수아가 모세의 대를 이어 약속의 땅을 얻도록 명령	주의 백성이 어리석은 데로 돌아가지 말도록 명령	애굽을 의지하지 말고 여호와를 의지하도록 명령	아시아의 일곱 교회에 예언의 말씀을 전하도록 명령
연합내용	**여호와 하나님은 각 시대마다 필요한 일꾼을 부르신다. 그리고 그들에게 구원의 역사를 이루어 가도록 명령을 내리신다. 지도자나 선지자나 제자는 그 명령을 실행함으로써 하늘의 면류관과 상급을 받는다.**			
핵심구절	1~3,7~10,12~13 16~22,25~28	1~4,6~7,9,12	1~3,5~7,9	1~5,7~11,17~20

• 신명기 3장 - 여호수아가 모세의 대를 이어 약속의 땅을 얻도록 명령

우리가 돌이켜 바산으로 올라가매 바산 왕 옥이 그의 모든 백성을 거느리고 나와서 우리를 대적하여 에드레이에서 싸우고자 하는지라...(1~3절)

다만 모든 가축과 그 성읍들에서 탈취한 것은 우리의 소유로 삼았으며...(7~10절)

그 때에 우리가 이 땅을 얻으매 아르논 골짜기 곁의 아로엘에서부터 길르앗 산지 절반과 그 성읍들을 내가 르우벤 자손과 갓 자손에게 주었고...(12~13절)

르우벤 자손과 갓 자손에게는 길르앗에서부터 아르논 골짜기까지 주었으되 그 골짜기의 중앙으로 지역을 정하였으니 곧 암몬 자손의 지역 얍복 강까지며...(16~22절)

구하옵나니 나를 건너가게 하사 요단 저쪽에 있는 아름다운 땅, 아름다운 2)산과 레바논을 보게 하옵소서 하되...(25~28절)

• **시편 85편** - 주의 백성이 어리석은 데로 돌아가지 말도록 명령

여호와여 주께서 주의 땅에 은혜를 베푸사 야곱의 포로 된 자들이 돌아오게 하셨으며...(1~4절)
주께서 우리를 다시 살리사 주의 백성이 주를 기뻐하도록 하지 아니하시겠나이까...(6~7절)
진실로 그의 구원이 그를 경외하는 자에게 가까우니 영광이 우리 땅에 머무르리이다(9절)
여호와께서 좋은 것을 주시리니 우리 땅이 그 산물을 내리로다(12절)

• **이사야 31장** - 애굽을 의지하지 말고 여호와를 의지하도록 명령

도움을 구하러 애굽으로 내려가는 자들은 화 있을진저 그들은 말을 의지하며 병거의 많음과 마병의 심히 강함을 의지하고 이스라엘의 거룩하신 이를 앙모하지 아니하며 여호와를 구하지 아니하나니...(1~3절)
새가 날개 치며 그 새끼를 보호함 같이 나 만군의 여호와가 예루살렘을 보호할 것이라 그것을 호위하며 건지며 뛰어넘어 구원하리라 하셨느니라...(5~7절)
그의 반석은 두려움으로 말미암아 물러가겠고 그의 고관들은 기치로 말미암아 놀라리라 이는 여호와의 말씀이라 여호와의 불은 시온에 있고 여호와의 풀무는 예루살렘에 있느니라(9절)

• **요한계시록 1장** - 아시아의 일곱 교회에 예언의 말씀을 전하도록 명령

예수 그리스도의 계시라 이는 하나님이 그에게 주사 반드시 속히 일어날 일들을 그 종들에게 보이시려고 그의 천사를 그 종 요한에게 보내어 알게 하신 것이라...(1~5절)
볼지어다 그가 구름을 타고 오시리라 각 사람의 눈이 그를 보겠고 그를 찌른 자들도 볼 것이요 땅에 있는 모든 족속이 그로 말미암아 애곡하리니 그러하리라 아멘...(7~11절)
내가 볼 때에 그의 발 앞에 엎드러져 죽은 자 같이 되매 그가 오른손을 내게 얹고 이르시되 두려워하지 말라 나는 처음이요 마지막이니...(17~20절)

Ⅲ. 묵상을 위한 질문

1. 여호와 하나님은 이스라엘 백성에게 시혼의 땅 뿐만이 아니라 어떤 땅도 허락하셨나요?(1~4,10)

2. 모세는 르우벤과 갓과 므낫세 반 지파에게 요단 동편의 땅을 기업으로 주면서 어떤 약속을 상기시켰나요?(18~20)

3. 고라 자손이 쓴 시편에는 여호와께서 주신 무엇에 대한 내용이 있나요?(1,9,12)

4. 고라 자손은 여호와 하나님께 어떤 기도를 드렸나요?(4~7)

5. 여호와는 남쪽의 어느 나라와 북쪽의 어느 나라를 멸하실 수 있으실까요?(1~3,8)

6. 이사야는 누가 이스라엘 자손의 영원한 보호자라고 했나요?(5,9)

7. 요한은 아시아의 일곱 교회에 누구의 이름으로 은혜와 평강을 빌었나요?(4~5)

8. 요한은 자신을 어떻게 표현했으며 어떤 사명을 받았다고 했나요?(9~11)

Ⅳ. 기도

1. 주여, 하나님의 축복을 받은 자로서 반듯이 주어진 의무를 다하게 하옵소서.
2. 주여, 어떤 상황 속에서도 사람을 의지하지 말고 하나님을 바라보게 하옵소서.
3. 주여, 주께서 맡기신 예수 복음을 땅 끝까지 전하는 전도자가 되게 하옵소서.

• 하나님 마음 알아가기 •

• 나에게 주시는 말씀(암송하기) •

• 오늘의 감사(기록하기) •

151 일차 / 365 주관 5월 31일

Ⅰ. 맥체인성경의 통독구조<151>

기존 성경을 읽을 때는 등장인물이 주인공이 될 때도 많이 있으나 맥체인성경의 신구약 4장을 읽으면 모든 통일주제와 개별주제의 주인공이 대부분 하나님과 예수님과 성령님이 되는 구조이다.

Ⅱ. 핵심구절 읽기

성경본문	신명기 4장	시편 86~87편	이사야 32장	요한계시록 2장
통일주제	**주관** (主管, 어떤 일의 주가 되어 그 일을 책임지고 맡아 다스림)			
개별주제	이스라엘의 규례생활과 도피자의 은둔생활을 주관	다윗의 기도에 대한 응답과 땅에 대한 생성을 주관	이스라엘의 죄에 대한 심판과 복에 대한 회복을 주관	일곱 교회의 칭찬과 책망에 대한 결과를 주관
연합내용	**창조주 하나님은 만물의 근원이시다. 그러므로 모든 피조물은 그가 주관하신다. 선민도 살인자도 다윗도 천지도 죄도 복도 교회도 모두 하나님의 뜻과 섭리 안에서 다스림을 받는다.**			
핵심구절	1~4,6,9~10,13 16,19~29,33~35 39~43,45	86:2~5,11~17 87:1~7	1~4,8,15~18,20	1~5,8~10,12~16 18~20,23~25,28

• 신명기 4장 - 이스라엘의 규례생활과 도피자의 은둔생활을 주관

이스라엘아 이제 내가 너희에게 가르치는 규례와 법도를 듣고 준행하라 그리하면 너희가 살 것이요 너희 조상의 하나님 여호와께서 너희에게 주시는 땅에 들어가서 그것을 얻게 되리라...(1~4절)
너희는 지켜 행하라 이것이 여러 민족 앞에서 너희의 지혜요 너희의 지식이라 그들이 이 모든 규례를 듣고 이르기를 이 큰 나라 사람은 과연 지혜와 지식이 있는 백성이로다 하리라(6절)
오직 너는 스스로 삼가며 네 마음을 힘써 지키라 그리하여 네가 눈으로 본 그 일을 잊어버리지 말라 네가 생존하는 날 동안에 그 일들이 네 마음에서 떠나지 않도록 조심하라 너는 그 일들을 네 아들들과 네 손자들에게 알게 하라...(9~10절)
여호와께서 그의 언약을 너희에게 반포하시고 너희에게 지키라 명령하셨으니 곧 십

계명이며 두 돌판에 친히 쓰신 것이라(13절)
그리하여 스스로 부패하여 자기를 위해 어떤 형상대로든지 우상을 새겨 만들지 말라 남자의 형상이든지, 여자의 형상이든지(16절)
또 그리하여 네가 하늘을 향하여 눈을 들어 해와 달과 별들, 하늘 위의 모든 천체 곧 너희의 하나님 여호와께서 천하 만민을 위하여 배정하신 것을 보고 미혹하여 그것에 경배하며 섬기지 말라...(19~29절)
어떤 국민이 불 가운데에서 말씀하시는 하나님의 음성을 너처럼 듣고 생존하였느냐...(33~35절)
그런즉 너는 오늘 위로 하늘에나 아래로 땅에 오직 여호와는 하나님이시요 다른 신이 없는 줄을 알아 명심하고...(39~43절)
이스라엘 자손이 애굽에서 나온 후에 모세가 증언과 규례와 법도를 선포하였으니(45절)

- **시편 86~87편** - 다윗의 기도에 대한 응답과 땅에 대한 생성을 주관

나는 경건하오니 내 영혼을 보존하소서 내 주 하나님이여 주를 의지하는 종을 구원하소서...(86편 2~5절)
여호와여 주의 도를 내게 가르치소서 내가 주의 진리에 행하오리니 일심으로 주의 이름을 경외하게 하소서...(86편 11~17절)
그의 터전이 성산에 있음이여...(87편 1~7절)

- **이사야 32장** - 이스라엘의 죄에 대한 심판과 복에 대한 회복을 주관

보라 장차 한 왕이 공의로 통치할 것이요 방백들이 정의로 다스릴 것이며...(1~4절)
존귀한 자는 존귀한 일을 계획하나니 그는 항상 존귀한 일에 서리라(8절)
마침내 위에서부터 영을 우리에게 부어 주시리니 광야가 아름다운 밭이 되며 아름다운 밭을 숲으로 여기게 되리라...(15~18절)
모든 물 가에 씨를 뿌리고 소와 나귀를 그리로 모는 너희는 복이 있느니라(20절)

- **요한계시록 2장** - 일곱 교회의 칭찬과 책망에 대한 결과를 주관

에베소 교회의 사자에게 편지하라 오른손에 있는 일곱 별을 붙잡고 일곱 금 촛대 사이를 거니시는 이가 이르시되...(1~5절)

서머나 교회의 사자에게 편지하라 처음이며 마지막이요 죽었다가 살아나신 이가 이르시되...(8~10절)
버가모 교회의 사자에게 편지하라 좌우에 날선 검을 가지신 이가 이르시되...(12~16절)
두아디라 교회의 사자에게 편지하라 그 눈이 불꽃 같고 그 발이 빛난 주석과 같은 하나님의 아들이 이르시되..(18~20절)
또 내가 사망으로 그의 자녀를 죽이리니 모든 교회가 나는 사람의 뜻과 마음을 살피는 자인 줄 알지라 내가 너희 각 사람의 행위대로 갚아 주리라...(23~25절)
내가 또 그에게 새벽 별을 주리라(28절)

Ⅲ. 묵상을 위한 질문

1. 모세가 이스라엘 백성에게 가르친 규례와 법도 중 제일 중요하게 강조한 것은 무엇일까요?(16~19,23,39)

2. 모세는 이스라엘 백성에게 여호와 하나님을 어떤 분으로 설명했나요?(5,7,24,31)

3. 다윗이 드린 기도내용 안에는 자신의 경건과 하나님의 성품이 나타납니다. 그렇다면 다윗이 고백한 하나님의 성품은 무엇일까요?(86:5,13,15,17)

4. 고라 자손은 모든 땅과 인생의 근원이 어디에 있다고 했나요?(87:1,4~7)

5. 이사야는 한 왕이 공의로 통치하면 그 나라는 어떻게 된다고 했나요?(1~4,15~18)

6. 이사야는 심판받을 자들을 어떻게 불렀으며 어떤 멸망의 현상이 있어날 것이라고 했나요?(9~11,13~14)

7. 에베소교회와 서머나교회가 칭찬받은 내용은 무엇일까요?(2~3,6,9)

8. 버가모교회와 두아디라교회가 책망받은 내용은 무엇일까요?(14~15,20~21)

Ⅳ. 기도

1. 주여, 외식적인 신앙이나 우상을 섬김으로 하나님의 분노를 사지 않게 하옵소서.
2. 주여, 날마다 말씀을 묵상하므로 하나님의 성품을 더 알고 체험하게 하옵소서.
3. 주여, 우리 교회가 책망 받은 내용은 회개하게 하시고 칭찬도 받게 하옵소서.

• 하나님 마음 알아가기 •

• 나에게 주시는 말씀(암송하기) •

• 오늘의 감사(기록하기) •

MEMO

MEMO

맥체인 1년 1독 성경읽기

맥체인 통독 맥잡기(5)

2020년 5월 1일 초판 1쇄 발행
지 은 이 김홍양
발 행 처 선교횃불
디 자 인 디자인이츠
등 록 일 1999년 9월 21일 제54호
등록주소 서울시 송파구 백제고분로 27길 12(삼전동)
전 화 (02) 2203-2739
팩 스 (02) 2203-2738
이 메 일 ccm2you@gmail.com
홈페이지 www.ccm2u.com